한번에 끝내는
독일어 문법
 중고급편

한번에 끝내는 독일어 문법 중고급편

지은이 한달우
펴낸이 임상진
펴낸곳 (주)넥서스

초판 1쇄 발행 2019년 6월 12일
초판 8쇄 발행 2023년 10월 20일

출판신고 1992년 4월 3일 제311-2002-2호
주소 10880 경기도 파주시 지목로 5
전화 (02) 330-5500 팩스 (02) 330-5555

ISBN 979-11-90032-03-2 13750

www.nexusbook.com

한번에 끝내는

독일어
문법

한달우 지음

Deutsche
Grammatik
für die Mittelstufe

중고급편

넥서스

저자의 말

이 교재는 B1 레벨을 통과한 학생들을 위한 중고급 문법 학습서입니다. 〈한번에 끝내는 독일어 문법 초중급편〉에서 다루었던 문법을 심화하고, B2-C1 레벨에 주로 등장하는 새로운 문법들을 소개하고 있습니다. 예문 또한 중고급 단계에 등장하는 표현 및 어휘를 중심으로 구성했습니다. 각 단원의 순서는 난이도가 아닌 중요 문법을 우선으로 배치하였습니다. 문법의 형태 및 구조를 배우는 초중급 단계와는 달리, 이 책에서는 문장이라는 틀 안에서 각각의 문장 성분들이 서로 어떻게 연관되어 있는지를 주요하게 다룹니다. 학습자들은 이 교재를 통해 어려운 구조의 독일어 문장을 이해하고, 다양한 형태로 표현할 수 있습니다.

각 단원은 문법 설명과 해당 문법을 다루는 연습문제로 구성되어 있습니다. 학습자는 연습문제와 정답의 문장들을 가지고 여러 연습을 할 수 있습니다. MP3 파일을 듣고 독일어로 받아 적거나 따라 말해보는 연습을 통해, 듣기 및 말하기를 연습할 수 있습니다. 따라서 각 문제를 푸는 것뿐 아니라, 사용된 문장의 쓰임을 꼼꼼히 익히는 것이 중요합니다. 이를 위해, 예문 및 연습문제에 주어진 모든 문장들을 충분히 학습한 후에 다음 단원으로 넘어가시기를 추천합니다. 특히, 이 책에서는 각 연습문제 아래에 작문 문제를 두어 배운 문법을 활용할 수 있도록 하였습니다. 책 뒷부분에는 몇몇 단원에서 다룬 문법과 관련된 예문들이 부록으로 정리되어 있습니다. 해당 단원의 순서에 맞게 함께 학습하시면 좋습니다.

〈한번에 끝내는 독일어 문법 중고급편〉은 독일어 문법의 마지막 단계를 완성하는 문법서입니다. B2 이상 레벨을 배우고자 하는 학습자들에게는 반드시 필요한 과정으로서, 특히 TestDaF나 DSH 시험 준비에 많은 도움이 될 거라 생각합니다. 단순한 문법 설명을 넘어 외국어 학습에 필요한 읽기, 듣기, 쓰기, 말하기와 같은 다른 영역들까지 함께 연습할 수 있도록 구성된 이 책을 통해 학습자들에게 많은 유익이 있기를 바랍니다. 이 책과 함께 독일어 문법을 마스터하실 모든 독자분들에게 응원과 격려를 보내드립니다.

이 책이 나오기까지 많은 분들의 수고가 있었습니다. 콘텐츠의 정렬과 내용 교정, 본서를 활용한 인터넷 강의 제작에 힘써준 드림메이커스㈜ 스태프들에게 감사의 마음을 전합니다. 끝으로 이 모든 노력들이 좋은 결실이 되어 세상에 나오도록 허락하여 출판해주신 넥서스에 진심으로 감사의 인사를 드립니다.

저자 한달우

 **추천사**

● 　외국어를 배우는 것은 분명 매력적인 일입니다. 하나하나의 어휘를 알아가고, 구문과 문법을 익히는 작업은 흥미진진한 놀이와도 같습니다. 그러나 동시에 많은 시간과 지속적인 노력을 요구하는 작업이기도 합니다.

외국어를 배우는 단계에서 얼마나 탄탄하게 문법과 구문을 익혔는가는 앞으로 그 외국어를 구사하는 데 중요한 디딤돌 역할을 합니다. 정확한 문법과 언어 현상을 습득하는 것은 집을 짓기 위한 기초를 제대로 다지는 것과 같은 이치입니다. 그런 까닭에 수많은 독일어 학습 교재 중에 어떤 책을 선택하느냐가 대단히 중요합니다.

〈한번에 끝내는 독일어 문법 중고급편〉은 초중급 단계를 습득한 학습자가 한 단계 더 높은 수준으로 올라설 수 있도록 도와줍니다. 좋은 학습 교재란 학습자가 얼마나 흥미를 가지고, 얼마나 효율적으로 해당 언어에 접근하도록 만드는가에 달려있습니다. 그런 의미에서 이 책은 시각적으로나 내용상으로, 또 듣기 파일까지도 간결하면서도 일목요연하게 구성되어 학습자들이 쉽게 접근할 수 있도록 만들어진 것이 큰 장점이라고 생각합니다.

문법 공부는 단지 TestDaF나 DSH 시험을 위한 것이 아닙니다. 예문과 문제 안에 담고 있는 내용을 통해 학습자에게 단편적이긴 하지만, 해당 문화권에 대한 정보와 지식을 전달합니다. 〈한번에 끝내는 독일어 문법 중고급편〉은 두덴 문법(Duden Grammatik)을 비롯한 대표적인 독일어 문법서들에서 추출한 문장들로 구성되어 있어 많은 문화적, 시사적 내용과도 접촉하게 만들어줍니다.

학습자 여러분께서 이 책을 통해 수준 높은 독일어를 읽고, 능동적으로 구사할 수 있는 능력을 갖추게 되기를 기대합니다.

국립목포대학교 독일언어문화학과 **안 미 현**

구성과 특징

한번에 끝내는 **독일어 문법** 으로 문법 마스터하기!

〈한번에 끝내는 독일어 문법〉은 어려운 독일어 문법를 확실하게 정리할 수 있는 기본 문법서입니다.
독일어 고급 문장을 구사하기 위한 중고급 문법을 빠짐없이 담았습니다.
언제 어디서나 듣고 따라 말하는 **원어민 음성 MP3 파일**과 독학자들을 위한 **유료 강의**까지 제공하여 혼자
공부하는 학습자들도 쉽게 독일어 문법을 완전 정복할 수 있습니다.

문법 설명

중고급편 총 60장에 걸쳐 B2–C1 레벨의 문법을 핵심만 콕
콕 짚어 설명합니다.
빠르게 이해하고 기억할 수 있도록 도표를 이용하였으며,
독일어 독학자도 무리 없이 이해할 수 있는 친절한 설명과
체계적 커리큘럼으로 한 번에 독일어 문법을 마스터합니다.

MP3

연습문제 중 일상생활에서 자주 쓰이는 회화
표현은 원어민 발음으로 녹음된 MP3를 제공
합니다. 녹음을 따라 읽고 문장을 암기해보세
요. 또한 녹음을 활용해 받아쓰기 훈련을 하
면 효과적으로 실력을 쌓을 수 있습니다.

연습 문제

각 강에서 배운 문법을 활용한 연습문제를 풀면
서 학습한 내용을 다시 한 번 점검합니다. 문제
바로 아래에 정답이 제시되어 있어 간편하게 정
답을 맞춰 볼 수 있습니다.

작문

배운 문법을 활용하여 일상생활에서 사용할
수 있는 독일어 문장을 작문 연습해보며 실력
을 향상시킬 수 있습니다.

무료 MP3 다운로드 받는 법

방법 1 스마트폰에 **QR코드 리더**를 설치하여
책 속의 QR코드를 인식합니다.

넥서스
홈페이지

방법 2 넥서스 홈페이지 검색창에서 〈한번에 끝내는 독일어 문법〉을 검색 후
다운로드 영역에서 인증받기를 클릭합니다.
www.nexusbook.com

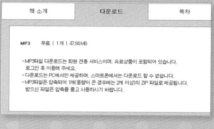

동영상 강의 보는 법(유료)

독독독 독일어
바로 가기

인강 사이트 독독독 독일어에서
〈한번에 끝내는 독일어 문법〉을 검색합니다.
dasdeutsch.com

목차

독일어 문법 중고급편

B2 레벨

C1 레벨

목차

독일어 문법

중고급편

Deutsche
Grammatik
für die Mittelstufe

독일어 문법 중고급편에서 다루는 문법은
CEFR 기준 B2~C1에 해당되는 수준의 문법입니다.
대학 수준의 전문 서적 및 전공 서적을 이해하기 위해
사용되는 문법을 전반적으로 배우고 익힙니다.

동사와 문장 성분

Das Verb und seine Elemente

동사는 문장을 구성하는 최소 단위로, 문장의 의미에 가장 결정적인 역할을 합니다. 특히 어떤 동사를 사용하느냐에 따라 문장 안에서 필수적으로 사용돼야 할 문장 성분들이 결정됩니다. 예를 들어 동사에 따라 목적어나 전치사구 등이 요구될 수 있습니다. 어떤 문장 성분들이 함께 쓰이는지에 따라 다양한 종류의 문장 형태가 존재합니다.

문장 성분에 따른 문장의 분류

문장 성분	예문
주어 + 동사	Er schläft. 그는 잔다.
주어 + 동사 + 4격 목적어	Ich liebe dich. 사랑해.
주어 + 동사* + 4격 목적어	Mein Freund ruft mich an. 내 친구가 나에게 전화한다.
주어 + 동사 + 3격 목적어	Das Kind hilft seiner Oma. 그 아이는 그의 할머니를 도와준다.
주어 + 동사 + 3격 목적어 + 4격 목적어	Mein Mann schenkt mir einen Ring. 내 남편이 나에게 반지 한 개를 선물한다.
주어 + 동사 + 위치를 나타내는 전치사구	Daejeon liegt in Südkorea. 대전은 한국에 있다.
주어 + 동사 + 이동을 나타내는 전치사구	Wir gehen nach Hause. 우리는 집에 간다.
주어 + 동사 + 4격 목적어 + 4격 목적어의 이동을 나타내는 전치사구	Ich lege meine Tasche auf den Boden. 나는 내 가방을 바닥에 놓는다.
주어 + 동사 + 재귀대명사	Sie beeilen sich. 그들은 서두른다.
주어 + 동사 + 전치사구 목적어	Deine Eltern warten auf dich. 네 부모님이 너를 기다리셔.
주어 + 동사 + 재귀대명사 + 전치사구 목적어	Ich freue mich auf deinen Besuch. 나는 너의 방문을 기대하고 있어.

* 분리동사가 사용된 문장

연습문제 ÜBUNGEN

1 문장을 완성하기 위해 동사가 필요로 하는 문장 성분들을 빈칸에 알맞게 넣으세요. 문법적으로 동사가 반드시 필요로 하는 문장 성분이 아닌 경우 빈칸을 비워두세요.

❶ Mein Kind weint _____. (in, sein Zimmer)

❷ Mein Vater kauft _____. (ein gebrauchtes Auto)

❸ Meine Eltern fragen _____. (ich)

❹ Ich stimme _____ nicht zu. (die Meinung meines Vaters)

❺ Ich schenke _____. (mein Freund, ein Roman)

❻ Das Auto meines Bruders parkt _____. (in, Parkhaus)

❼ Meine Familie zieht _____. (nach Dresden)

❽ Ich hänge _____. (die kleine Uhr, an, die Wand)

❾ Ich kenne _____ in Hamburg nicht gut aus. (ich)

❿ Meine Mutter und ich hörten _____ nicht auf. (mit, der Streit)

2 주어진 동사가 필요로 하는 하는 문장 성분을 고려하여 문장을 완성하세요. 🎧 MP3 001

❶ 너는 대학에 다니니? (studieren)

➡ _____

❷ 누구를 찾니? (suchen)

➡ _____

❸ 두려워하지 마! (haben)

➡ _____

❹ 우리 아이들은 엄마를 잘 따른다. (gehorchen)

➡ _____

❺ 나의 부모님은 나에게 용돈을 안 주신다. (geben)

➡ _____

❻ 우리 가족은 모차르트 거리 19번지에 산다. (wohnen)

➡ _____

❼ 나는 바다로 간다. (fahren)

➡ _____

❽ 나는 차를 잔에 따른다. (gießen)

➡ _____

❾ 걱정하지 마! (machen)

➡ _____

❿ 나의 할머니는 당뇨를 앓고 계신다. (leiden)

➡ _____

02 동사 lassen의 기능과 의미
Funktion und Bedeutung von lassen

동사 lassen은 일반 동사뿐 아니라 화법조동사적 용법 및 수동태적 용법으로 사용될 수 있습니다.

일반 동사 lassen

형식	예문
lassen	Meine Schwester lässt ihren Studentenausweis oft im Studentenwohnheim. 내 여동생은 그녀의 학생증을 종종 기숙사에 두고 다닌다. Lass mich bitte in Ruhe! Ich bin beschäftigt. 날 좀 내버려둬! 난 바빠. Ich kann meine schlechten Lerngewohnheiten nicht lassen. 나는 나의 나쁜 공부 습관을 끊을 수가 없다.

- 4격 목적어와 함께 사용되어 '두다', '내버려두다', '그만두다'라는 뜻을 나타냅니다. 일반 동사(Vollverb)이기 때문에 단독으로 사용됩니다.

lassen의 화법조동사적 용법

형식	예문
lassen + (von 3격) + 동사 원형	Lasst ihr eure Bachelorarbeit von einem Experten korrigieren? 너희는 전문가로부터 너희의 학사 논문 수정을 받니?
lassen + (4격) + 동사 원형	Mein älterer Bruder lässt mich mit seinem Auto zur Uni fahren. 내 형은 내가 그의 차를 타고 대학에 가는 것을 허락한다.

- 사역동사로 지시, 주문, 요청이나 허락, 방임을 나타내, '하게 하다(veranlassen)', '허락하다(erlauben)'라는 뜻으로 사용됩니다. 이때 동사 lassen은 다른 동사와 함께 사용되어 화법조동사와 같은 방식으로 문장 안에서 활용됩니다.

lassen의 수동태적 용법

형식	예문
lassen + sich + 동사 원형 =können + 수동태(과거분사 + werden)	Studium und Nebenjob lassen sich nicht leicht verbinden. =Studium und Nebenjob können nicht leicht verbunden werden. 학업과 아르바이트는 쉽게 병행될 수 없다.
유사수동문	**예문**
sein + zu 부정형	Studium und Nebenjob sind nicht leicht zu verbinden.
sein + -bar	Studium und Nebenjob sind nicht leicht verbindbar.

- 다른 동사와 함께 사용되어 그 동사의 기본적인 의미에 수동적 의미와 가능성의 의미를 더해줍니다(~되어질 수 있다). 따라서 해당 문장은 können + 수동태 또는 유사수동문인 sein + zu 부정형, sein + -bar로 바꿔 쓸 수 있습니다. 유사수동문은 13장에서 다시 다루게 됩니다.
- sein + zu 동사 원형 구문은 '~되어질 수 있다' 혹은 '~되어져야 한다'의 의미로 사용되는 구문입니다.
- 많은 동사들은 그 어간(Stamm)에 -bar를 붙여 '~되어질 수 있는'의 의미로 만들 수 있습니다.

연습문제 ÜBUNGEN

1 lassen을 사용하여 문장을 완성하세요.

🎧 **MP3** 002

❶ Jens:　　Martin, kannst du mir mal deinen USB-Stick leihen?

　Martin:　Es tut mir leid. Den ＿＿＿＿＿＿ ich immer zu Hause.

❷ Mutter:　Vergiss nicht, vor dem Einschlafen deine Hausaufgaben zu erledigen.

　Tochter:　Bitte ＿＿＿＿＿＿ mich in Ruhe! Ich habe keine Lust zu lernen.

❸ Peter:　　Zum Geldsparen müssen Sie zuerst mit Trinken und Rauchen aufhören.

　David:　　Trinken und Rauchen kann man nicht gleichzeitig ＿＿＿＿＿＿.

> 📍작문 대학생들은 시험을 볼 때 핸드폰을 그들의 가방 안에 두어야 한다.
>
> ＿＿＿＿＿＿＿＿＿＿＿＿＿＿＿＿＿＿＿＿＿＿＿＿＿＿＿＿＿＿＿＿＿＿＿＿＿

2 lassen을 사용하여 다음 질문에 답하세요.

🎧 **MP3** 003

❶ Übersetzen Sie diesen schwierigen Artikel selbst?

　– Nein, ＿＿＿＿＿＿＿＿＿＿＿＿＿＿＿＿＿＿＿＿＿＿＿.

❷ Erlauben deine Eltern dir, für dein Praktikum ins Ausland zu gehen?

　– Ja, ＿＿＿＿＿＿＿＿＿＿＿＿＿＿＿＿＿＿＿＿＿＿＿.

> 📍작문 외국인 대학 지원자들은 대사관에서 그들의 증명 서류들을 공증한다.
>
> ＿＿＿＿＿＿＿＿＿＿＿＿＿＿＿＿＿＿＿＿＿＿＿＿＿＿＿＿＿＿＿＿＿＿＿＿＿

3 수동태 문장을 lassen + sich + 동사 원형을 사용한 문장으로 바꾸세요.

Prüfungsangst und –stress können nur durch positive Gedanken gelindert werden.

➡ ＿＿＿＿＿＿＿＿＿＿＿＿＿＿＿＿＿＿＿＿＿＿＿＿＿＿＿＿＿＿＿＿＿

> 📍작문 학업 중단의 원인들을 한 단어로 요약하기는 어렵다.
>
> ＿＿＿＿＿＿＿＿＿＿＿＿＿＿＿＿＿＿＿＿＿＿＿＿＿＿＿＿＿＿＿＿＿＿＿＿＿

연습문제 정답 **1** ❶ lasse ❷ lass ❸ lassen 작문 In der Prüfung müssen Studenten Handys in ihren Taschen lassen. **2** ❶ ich lasse ihn übersetzen. ❷ sie lassen mich für mein Paktikum ins Ausland gehen. 작문 Ausländische Studienbewerber lassen bei Botschaften ihre Zeugnisse beglaubigen. **3** Prüfungsangst und -stress lassen sich nur durch positive Gedanken lindern. 작문 Die Ursachen des Studienabbruchs lassen sich nicht in einem Wort zusammenfassen.

15

동사 lassen의 과거형과 현재완료형
Das Verb lassen im Präteritum und im Perfekt

동사 lassen의 과거형과 현재완료형을 살펴봅니다. 또한 lassen의 화법조동사적 용법과 유사하게 사용되는 지각 동사에 대해서 살펴봅니다.

lassen의 과거형(Präteritum)

	과거형		과거형	예문
ich	ließ	wir	ließen	Die Professorin ließ die Studenten die schriftliche Prüfung zu Hause machen.
du	ließest	ihr	ließt	그 교수는 학생들로 하여금 필기 시험을 집에서 치르게 했다.
er/sie/es	ließ	sie/Sie	ließen	

- 불규칙 변화 동사이기 때문에 불규칙 변화된 어간 ließ에 유의해야 합니다. 또한 lassen은 일반적으로 현재완료형보다 과거형을 사용하는 것을 더 선호합니다.

lassen의 현재완료형(Perfekt)

형식	예문
haben + gelassen	Mein bester Freund hat es endlich gelassen, Onlinespiele zu spielen und konzentriert sich wieder auf sein Studium. 나의 가장 친한 친구는 끝내 온라인 게임을 중단하고 다시 그의 학업에 몰두한다.
haben + 동사 원형 + lassen	Der Professor hat die Studenten im Hörsaal bleiben lassen, bis alle ihre Klausur fertig geschrieben haben. 그 교수는 모두가 시험을 마칠 때까지 학생들을 강의실에 남게 했다.
haben + 동사 원형 + lassen	Hast du vergessen, dass der Professor uns das Referat zusammen hat halten lassen? 너 교수님이 우리 발표를 같이 하라고 하신 것 잊었니?

- 일반 동사 lassen의 현재완료형: lassen의 과거분사(Partizip II)인 gelassen이 haben과 결합하여 현재완료형을 표현합니다.
- 화법조동사적 용법으로 쓰인 lassen의 현재완료형: 문장의 끝에 동사 원형과 lassen의 원형이 차례로 위치합니다.
- 부문장에서 화법조동사적 용법으로 쓰인 lassen의 현재완료형: 문장의 끝에 haben과 동사 원형, 그리고 lassen의 원형이 차례로 위치합니다.

지각 동사 sehen, hören, fühlen 등

형식	예문
지각 동사 + 4격 목적어 + 동사 원형	Ich sehe gerade meine Freundin in die Mensa gehen. 나는 이제 막 내 친구가 학생 식당에 들어가는 걸 보고 있다.
haben + 4격 목적어 + 동사 원형 + 지각 동사의 원형	Mein Mitbewohner hat mich schon einmal singen hören. 내 룸메이트는 내가 노래하는 걸 들은 적이 있다.

- lassen의 경우와 동일하게 4격 목적어와 동사 원형이 함께 사용될 수 있습니다. 또한 현재완료형으로 사용되는 경우 lassen과 마찬가지로 지각 동사의 동사 원형 형태로 문장 마지막에 두어야 합니다.

연습문제 ÜBUNGEN

1 다음 단어들과 lassen을 사용하여 현재완료 시제로 문장을 완성하세요.

Julia / ihr Portemonnaie / im Unterrichtsraum

➡ _____

📍작문 나는 내 노트북을 어디에 두었는지 잊어버렸다.

_____

2 다음의 두 문장을 dass 부문장을 사용하여 한 문장으로 만드세요.

Meine Mitbewohnerin hat sich ihre langen Haare abschneiden lassen.

Leider hat das niemand in meiner WG gemerkt.

➡ _____

📍작문 그 교수님이 외국인 학생들에게 문화 차이에 대한 글을 써오게 하신 거 들었니?

_____

3 다음 문장의 시제를 현재완료로 바꾸세요.

Ich sehe schon einige Studenten während der Vorlesung einschlafen.

➡ _____

📍작문 나는 우리 WG에서 네가 요리하는 것을 한번 보고 싶어.

_____

연습문제 정답　**1** Julia hat ihr Portemonnaie im Unterrichtsraum gelassen. 작문 Ich habe vergessen, wo ich meinen Laptop gelassen habe. **2** Leider hat niemand in meiner WG gemerkt, dass meine Mitbewohnerin sich ihre langen Haare hat abschneiden lassen. 작문 Hast du gehört, dass der Professor ausländische Studenten eine Arbeit über Kulturunterschiede hat schreiben lassen? **3** Ich habe schon einige Studenten während der Vorlesung einschlafen sehen. 작문 Ich möchte dich mal in unserer WG kochen sehen.

04 동사 werden의 기능과 의미
Funktion und Bedeutung von werden

동사 werden의 일반 동사적 용법과 화법조동사적 용법인 미래형 1식과 2식(Futur I, II)을 살펴봅니다.

일반 동사 werden

형식	예문
werden	Heute werde ich Vater. 오늘 난 아버지가 된다.
sein + geworden	In letzter Zeit ist die finanzielle Situation meiner Familie schlechter geworden. 최근에 우리 가족의 경제 상황은 더 악화되었다.

- 동사 werden이 일반 동사로 사용되는 경우 '~이 되다', '(상황이) 되어지다'의 의미를 갖습니다. 특히 현재완료형으로 사용되는 경우 과거분사 geworden과 sein 동사가 사용됩니다.

화법조동사적 용법: 미래형 1식(Futur I)

형식	예문
미래형 1식 (werden + 동사 원형)	Meine Schwester wird bald die Aufnahmeprüfung an einer Musikhochschule machen. (예정) 내 여동생은 곧 한 음대에서 입학 시험을 치를 것이다. Stefanie hat in Psychologie promoviert und ihre Eltern werden stolz darauf sein. (추측) Stefanie는 심리학으로 박사 학위를 땄는데, 그의 부모님은 그것에 대해 자부심을 느끼실 것이다.

- 동사 werden과 일반 동사 원형과의 결합으로 미래형 1식을 표현할 수 있으며, 예정, 약속 또는 추측을 나타냅니다.

화법조동사적 용법: 미래형 2식(Futur II)

형식		예문
미래형 2식 (werden + 현재완료형)	과거완료에 대한 현재적 추측	Mein kleines Hündchen wird durch die offene Haustür entlaufen sein. 내 작은 강아지는 그 열린 현관문을 통해 달아났을 것이다.
	미래완료에 대한 현재적 추측	In zwei Jahren werden wir schon geheiratet haben. 2년 후에 우리는 이미 결혼했을 것이다.

- 동사 werden과 현재완료형(과거분사 + haben/sein동사)의 결합으로 미래형 2식을 표현할 수 있으며, 과거 혹은 미래의 완료적 상황에 대한 현재 시점에서의 추측을 나타낼 수 있습니다.
- 미래형 1식이나 2식이 추측, 예정과 같은 미래적 의미를 지니고 있기는 하지만, 독일어는 미래형의 문법(werden)을 사용하지 않고도 현재형만으로 미래의 의미를 나타낼 수 있습니다.

연습문제 ÜBUNGEN

1 werden을 시제에 맞게 빈칸에 넣으세요. MP3 004

❶ Anna: Ich habe gehört, dass dein kleiner Bruder schon ausziehen will.

Franzi: Ach, das ist ok. Dieses Jahr _____ er schon 20. Er schafft das.

❷ Mutter: Franzi, wann wollen wir Sommerurlaub an der Ostsee machen?

Tochter: Am besten vor Juli. Ab Ende Juni _____ die Tage wieder kürzer.

> ✒ 작문 (현재완료) 2년 전부터 나의 할머니의 병세가 악화되었다.
> _____

2 다음 문장을 werden을 사용하여 미래형 1식 문장으로 만드세요.

❶ Diese Woche besuchen meine Schwiegereltern meine Familie in Deutschland.

➡ Nächste Woche _____

❷ Meine Tante ist traurig, weil gestern ihre beiden Söhne zum Wehrdienst gegangen sind.

➡ _____

> ✒ 작문 앞으로 독일에서 혼자 사는 사람들의 수는 증가(zunehmen)할 것이다.
> _____

3 다음 미래형 1식 문장을 미래형 2식 문장으로 만드세요.

미래형 1식: Nächstes Jahr wird meine Schwester das Abitur bestehen.

➡ 미래형 2식: _____

> ✒ 작문 우리 할아버지는 이미 여러 번 수술을 받으셨을 거야.
> _____

연습문제 정답 **1** ❶ wurde ❷ werden 작문 Seit zwei Jahren ist die Krankheit meiner Großmutter schlimmer geworden. **2** ❶ werden meine Schwiegereltern meine Familie in Deutschland besuchen. ❷ Meine Tante wird traurig sein, weil gestern ihre beiden Söhne zum Wehrdienst gegangen sind. 작문 In Zukunft wird die Anzahl der Alleinlebenden in Deutschland zunehmen. **3** Nächstes Jahr wird meine Schwester das Abitur bestanden haben. 작문 Mein Großvater wird schon mehrmals operiert worden sein.

05 분리동사
Trennbare Verben

분리동사는 기본 동사에 분리전철(혹은 분리접두사)을 결합하여 이루어진 동사로, 문장 속에서 분리되어 사용될 수 있다는 특징이 있습니다. 이 장에서는 분리전철의 종류와 분리동사의 문장 형식에 대해 살펴봅니다.

분리전철의 종류

전치사	ab, an, auf, aus, bei, entlang, für, gegen, gegenüber, mit, nach, neben, statt, vor, zu, zwischen ···
부사와 형용사	auseinander, da, dahin, bereit, empor, entgegen, fehl, fest, fort, frei, her, hin, heim, kaputt, los, nieder, weg, weiter, zurück, zusammen ···
기타	dar, ein(=in), inne ···

- 대부분의 경우 분리전철의 뜻이 분리동사의 뜻에 직접적인 영향을 주지만, 확장된 뜻이나 전혀 다른 의미로 쓰이기도 합니다.

분리동사의 기본 형태

분리전철 + 기본 동사(Basisverb)	entgegen + setzen = entgegensetzen

- 강세는 분리전철에 위치합니다.

분리동사가 포함된 문장 형식

평서문	Der Taxifahrer biegt an der Kreuzung falsch ab. 그 택시 운전사는 교차로에서 잘못된 방향으로 회전한다.
의문문 1 (의문사를 사용한 의문문)	Warum biegt der Taxifahrer an der Kreuzung falsch ab? 왜 그 택시 운전사는 교차로에서 잘못된 방향으로 회전합니까?
의문문 2 (의문사가 없는 의문문)	Biegt der Taxifahrer jetzt an der Kreuzung falsch ab? 그 택시 운전사가 지금 교차로에서 잘못된 방향으로 회전하는 겁니까?
명령문	Biegen Sie bitte an der Kreuzung nicht falsch ab! 교차로에서 잘못된 방향으로 회전하지 마세요!
화법조동사 + 분리동사	Hausordnung: Man darf sein Fahrrad im Treppenhaus nicht abstellen. 건물 사용 규정: 자전거를 계단에 세워두지 마세요.
현재완료형 문장	Im vergangenen Jahr ist der Anteil der Bahnnutzer in Deutschland um 10 Prozent angestiegen. 작년에 독일에서 열차 이용객의 수는 10% 증가했다.
zu 부정형 구문	Trotz Schnee hat der Bahnfahrer versucht, pünktlich anzukommen. 눈에도 불구하고 그 열차 기사는 정확한 시간에 도착하려고 시도했다.

- 평서문, 의문문, 명령문에서 분리전철은 기본 동사와 분리되어 문장 마지막에 위치합니다.
- 화법조동사가 쓰일 경우 분리전철과 기본 동사는 분리되지 않고 결합되어 사용됩니다.
- 과거분사에서 분리전철은 과거분사 형태 앞에(ge-보다 앞에) 붙여 '분리전철+과거분사(Partizip II)' 순서로 사용됩니다.
- zu 부정형 구문에서 접두사는 zu보다 앞에 붙여 '분리전철+zu+동사 원형' 순서로 사용됩니다.

연습문제 ÜBUNGEN

1 주어진 단어들을 사용하여 현재 시제의 문장을 만드세요.

❶ mein Zug / wegen Schneefall / spät / ankommen(평서문)

➡ _____

❷ um wie viel Uhr / der Zug / von Leipzig / abfahren / ?(의문사를 사용한 의문문)

➡ _____

❸ in Saarbrücken / du / umsteigen / ?(의문사가 없는 의문문)

➡ _____

❹ an der ersten Ampelkreuzung / Sie / links / abbiegen(명령문 Sie)

➡ _____

> 작문 거의 모든 승객들은 베를린 중앙역에서 내립니다.
> _____

2 다음 문장의 시제를 현재완료로 바꾸세요.

Ein Auto fährt den betrunkenen Fußgänger an.

➡ _____

> 작문 최근에 그 도시는 많은 자전거 전용 도로를 설치했다(einrichten).
> _____

3 다음 문장의 괄호 안에 있는 부분을 주어진 동사를 사용하여 zu 구문으로 바꿔 문장을 완성하세요.

(Flug in die Heimat) kostet mich viel Geld.

➡ heimfliegen: _____

> 작문 정부는 독일 철도청(DB)에 여름 휴가 기간에 더 많은 열차들을 배치하라고(einsetzen) 요구했다.
> _____

연습문제 정답 **1** ❶ Mein Zug kommt wegen Schneefall spät an. ❷ Um wie viel Uhr fährt der Zug von Leipzig ab? ❸ Steigst du in Saarbrücken um? ❹ Biegen Sie an der ersten Ampelkreuzung links ab. 작문 Fast alle Zugfahrgäste steigen am Berliner Hauptbahnhof aus. **2** Ein Auto hat den betrunkenen Fußgänger angefahren. 작문 In letzter Zeit hat die Stadt viele Radwege eingerichtet. **3** Es kostet mich viel Geld heimzufliegen. 또는 Heimzufliegen kostet mich viel Geld. 작문 Die Regierung hat die DB aufgefordert, in den Sommerferien mehr Züge einzusetzen.

21

06 비분리동사
Untrennbare Verben

비분리동사는 기본 동사와 비분리전철(혹은 비분리접두사)의 결합으로 이루어진 동사로, 문장 속에서 분리되지 않고 항상 결합하여 사용되는 특징이 있습니다. 이 장에서는 비분리전철의 종류와 문장 속에서의 활용을 살펴봅니다.

비분리전철의 종류

기본 비분리전철	be, emp, ent, er, ge, miss, ver, zer ···
외래어 접두사	de(s), dis, ex, in, inter, kon, pro, re ···

- miss를 제외한 대부분의 비분리전철은 특정 의미를 가지고 있지 않기 때문에, 비분리전철을 근거로 비분리동사의 정확한 의미를 추정하기는 어렵습니다.
- 외래어 접두사들은 비분리전철로만 사용되며, 특히 외래어 동사 어미인 -ieren으로 끝나는 동사와 결합하여 사용됩니다. 이 경우 강세는 외래어 동사의 접미사인 -ie-에 붙는다는 특징이 있습니다.
    - 예 Nach Angaben des Verbands der Automobilindustrie werden immer mehr Autos deutscher Konzernmarken nach China exportiert.
    자동차 산업 협회에 따르면 점점 더 많은 독일 회사들의 자동차가 중국으로 수출되고 있다.

비분리동사의 기본 형태

비분리전철 + 기본 동사(Basisverb)	emp + fehlen = empfehlen

- 기본 동사와 결합하여 새로운 단어를 형성하며 분리되지 않습니다.
- 강세는 분리동사의 경우와 달리 기본 동사에 위치합니다.
- 만약 비분리동사 앞에 전철이 추가로 붙는 경우, 가장 앞에 있는 전철에 강세가 위치합니다.
    - 예 miss-ver-stehen: Mein Chef missversteht seine Mitarbeiter zu oft. 우리 사장은 직원들을 너무 자주 오해한다.

비분리동사가 포함된 문장 형식

평서문	Die tägliche Durchschnittsarbeitszeit in Korea beträgt 8 Stunden. 한국에서의 일일 평균 노동 시간은 8시간이다.
현재완료형 문장	Mein Unternehmen hat letztes Jahr sein Ziel früher erreicht als geplant. 우리 회사는 작년에 그 목표치를 계획된 것보다 일찍 달성했다.
zu 부정형 구문	Die Arbeitnehmer haben kein Recht, ihre Arbeitszeit zu verkürzen. 직원들은 그들의 노동 시간을 줄일 권한이 없다.

- 현재완료형 문장과 zu 부정형 구문에서도 비분리전철은 기본 동사와 분리되지 않습니다. 특히 과거분사형을 만들 때 비분리동사의 과거분사는 접두어 ge-를 사용해서 만들지 않고 이를 생략하며 비분리전철을 분사 앞에 붙여줍니다.
    - 예 entgehen ➡ entgegangen (X), entgangen (O)

연습문제 ÜBUNGEN

1 비분리동사가 사용된 다음의 문장들을 한국어로 해석하세요.　　　🎧 MP3 006

❶ Ich bespreche nur ganz Wichtiges mit meinem Chef.

➡ _____

❷ Immer mehr Banken in Deutschland ersetzen ihre Mitarbeiter durch Automaten.

➡ _____

> 🖊 작문 지난 두 달간 나는 월급을 받지 못했다.
>
> _____

2 주어진 비분리동사의 과거분사 형태를 빈칸에 넣어 글을 완성하세요.　　🎧 MP3 007

empfehlen / entlassen / erhalten / gefallen / misstrauen / verdienen / zerreißen

Mein Freund hat mir _____, mich bei einer großen Firma um einen Job zu bewerben. Zum Glück habe ich eine Arbeitsstelle _____. Da habe ich auch viel _____. Aber mein Chef hat mir in manchen Fällen _____. Eines Tages hat er alle meine Unterlagen _____ und an dem Tag wurde ich aus der Firma _____. Ich weiß noch nicht, ob meine Arbeit oder ich selbst ihm nicht _____ habe.

> 🖊 작문 많은 한국 회사는 직원들에게 초과 근무할 것을 요구한다.
>
> _____

3 밑줄 친 부분에 알맞은 외래어 접두사를 넣고 단어의 뜻을 오른쪽 빈칸에 쓰세요.

de- / dis- / ex- / in- / inter- / kon- / pro- / re-

_____pretieren		_____zentrieren	
_____bieren		_____finieren	
_____kriminieren		_____portieren	
_____vestieren		_____agieren	

> 🖊 작문 2015년에 16만 대 이상의 독일 자동차가 한국으로 수입되었다.
>
> _____

07 분리·비분리동사
Trenn- und untrennbare Verben

몇몇 전철들은 분리동사와 비분리동사에 모두 사용될 수 있습니다. 그러나 분리동사로 사용되는 경우와 비분리동 사로 사용되는 경우 각각 그 의미가 다릅니다.

분리·비분리전철의 종류

분리·비분리전철	durch, hinter, über, um, unter, voll, wider, wieder

- 위 전철들이 분리되어 사용되는가, 비분리되어 사용되는가에 따라 의미가 달라집니다.

분리·비분리전철의 형태와 의미 비교

분리동사에 사용된 예	wieder(다시) + holen(가져오다) = wieder|holen(다시 가져오다) Ich muss alle Bewerbungsunterlagen aus dem Büro meines Chefs wiederholen. 나는 모든 지원 서류들을 우리 사장의 사무실에서 다시 가져와야 한다.
비분리동사에 사용된 예	wieder(다시) + holen(가져오다) ≠ wiederholen(반복하다) Meine Firma darf den Fehler nicht wiederholen, sonst wird sie pleitegehen. 우리 회사는 그 실수를 반복해서는 안 된다. 그러지 않으면 파산할 것이다.

- 분리동사에 사용된 경우 대부분 전철의 기본 의미가 유지되기 때문에 해당 분리동사의 의미를 추측할 수 있습니다.
  - 예 Seit drei Monaten arbeite ich in meiner neuen Firma durch.
    3달째 나는 내 새로운 회사에서 쉬지 않고 일하고 있다.

    Die Mitarbeiter meiner Abteilung stellten gestern ihre Bürotische um.
    우리 부서의 직원들은 어제 자신들의 책상 위치를 옮겼다.

- 비분리동사에 사용된 경우 전철이나 기본 동사의 의미가 모호하거나 전혀 다른 의미로 사용되기 때문에 비분리동사의 의미를 추측하기 어렵습니다.
  - 예 Ich habe sechs Jahre Studium durchlaufen, um Arzt zu werden.
    나는 의사가 되기 위한 6년간의 학업을 마쳤다.

    Zahlreiche ausländische Arbeitslose umstellten das Arbeitsamt.
    많은 외국인 실업자들이 노동청을 둘러쌌다.

- 전철과 기본 동사의 의미 적용을 근거로 분리동사와 비분리동사를 구분할 수 없는 경우도 있으므로 유의하세요.

연습문제 ÜBUNGEN

1 분리·비분리전철이 사용된 분리동사를 사용하여 문장을 완성하세요.

❶ durch | dürfen: 지나가도 될까요?

➡ _____

❷ um | ziehen: 우리 회사는 다음 주에 다른 도시로 이사 간다.

➡ _____

❸ wieder | holen: 그 서류들을 제 사무실에서 다시 가져다 주세요!

➡ _____

✒ 작문 나는 내 지갑(Geldbörse)을 다시 찾았다.

_____

2 다음의 분리·비분리전철이 결합된 비분리동사들을 문장 내용에 알맞게 넣으세요. 🎧 MP3 008

vollenden / übersetzen / widersprechen / hinterlassen / unterhalten

❶ Bitte _____ Sie eine Nachricht. Ich werde Sie zurückrufen.

❷ Bitte _____ Sie diese Gebrauchsanweisung ins Deutsche!

❸ Bitte _____ Sie sich nicht während der Arbeit!

❹ Bitte _____ Sie Ihre Arbeit innerhalb von zwei Stunden!

❺ Bitte _____ Sie Ihrem Chef nicht.

✒ 경찰은 그 범행 장소와 그 용의 차량을 조사했다(untersuchen).

_____

3 분리동사, 비분리동사, 분리·비분리동사를 시제에 알맞게 넣어 다음의 글을 완성하세요.

überprüfen / einführen / einhalten / erreichen / verkürzen / widersprechen

Bis zum Beginn des 21. Jahrhunderts arbeiteten die meisten Koreaner 6 Tage pro Woche. Erst im Jahr 2004 wurde ein neues Gesetz _____ . Nach dem Gesetz wurde die Wochenarbeitszeit _____ und auch am Wochenende wurde nicht mehr gearbeitet. Heutzutage sollte man in der Woche unter 40 Stunden arbeiten. Aber die neue Arbeitsregel wird von manchen Unternehmen und Selbständigen nicht richtig _____ . Viele Arbeitgeber wollen nur ihr Ziel _____ . Sie behaupten, dass die Verkürzung der Arbeitszeit nochmal _____ werden muss. Aber die meisten Arbeitnehmer _____ dieser Ansicht.

08 3격 지배 동사
Verben mit Dativ

3격 지배 동사는 3격 명사를 목적어로 취하는 동사를 말합니다. 대체로 해석하기 난해한 경우가 많으므로 각 동사들의 용례를 그 의미와 용법에 부합하도록 이해할 필요가 있습니다.

주요 3격 지배 동사

주요 3격 지배 동사*	ähneln, angehören, antworten, auffallen, befehlen, begegnen, beistehen, beitreten, danken, dienen, drohen, einfallen, entgegenkommen, fehlen, folgen, gefallen, gehorchen, gelingen, genügen, glauben, gratulieren, gut tun, helfen, leidtun, missfallen, misslingen, misstrauen, sich nähern, nützen, passen, passieren, schaden, schmecken, schwerfallen, unterliegen, vertrauen, verzeihen, wehtun, widersprechen, zuhören, zuschauen, zusehen, zustimmen

* 3격 지배 동사는 예문과 함께 기억하는 것이 중요합니다. 부록 1의 예문을 꼭 참조하세요.

3격 지배 동사의 의미에 따른 분류

경험과 인식의 주체	Der neue Trainer meiner Fußballmannschaft gefällt mir nicht. 우리 축구팀에 새로 온 트레이너는 맘에 안 든다.
소유/소속 또는 결핍의 주체	Das Fußballstadion gehört dem FC Köln. Der Mannschaft fehlen zurzeit gute Spieler. 이 축구장은 FC 쾰른의 소유이다. 그 팀에는 현재 좋은 선수들이 부족하다.
이익 또는 불이익의 대상	Regelmäßiges Sporttreiben nützt der Gesundheit. Aber zu viel Sport schadet ihr. 규칙적인 운동은 건강에 좋다. 하지만 너무 많은 운동은 건강을 해친다.

3격 지배 동사의 사용 방식에 따른 분류

3격 목적어를 반드시 사용하는 경우	Auf dem Weg nach Hause bin ich einem berühmten Sportler begegnet. 집으로 가는 길에 나는 한 유명한 스포츠선수와 마주쳤다.
3격 목적어를 문법적으로 생략할 수 있는 경우	Das Trainingsprogramm hilft (den Sportlern), Selbstbewusstsein aufzubauen. 그 훈련 프로그램은 (그 선수들에게) 자신감을 고취시키는 데에 도움을 준다.
3격 목적어가 '~를 위해'라는 의미로 사용되는 경우	Der Kapitän hat dem verletzten Mitspieler die Fußballtasche getragen. 그 주장은 그 부상당한 선수를 위해 축구 가방을 들어 주었다.
3격 목적어가 주어 혹은 4격 목적어의 대상으로 사용되는 경우	Beim Fußballspielen hat dem Spieler der Kopf wehgetan, aber er spielte bis zum Ende. 축구를 하는 도중에 그 선수의 머리에 통증이 왔지만, 그는 끝까지 경기를 했다.

연습문제 ÜBUNGEN

1 다음의 단어들을 사용하여 문장을 완성하세요.

MP3 009

❶ das Verhalten des Sportlers / auffallen / ich.

➡ _____

❷ viele Fans / beistehen / die Mannschaft / stets

➡ _____

❸ ich / möchte / der Sportverein / beitreten.

➡ _____

❹ der Trainerwechsel bei FC Bayern / entsprechen / nicht / der Wunsch der Fans

➡ _____

❺ Profispieler / müssen / die Ansagen ihres Trainers / folgen

➡ _____

❻ Während des Spiels / müssen / jeder Spieler / der Schiedsrichter / gehorchen

➡ _____

❼ die Leistung der neuen Spieler / genügen / die Anforderungen der Fans

➡ _____

❽ der deutsche Fußballspieler / sich nähern / seine Höchstform

➡ _____

❾ ein Foul / können / in einigen Fällen / die Mannschaft / viel / nützen

➡ _____

❿ Am Anfang / können / hartes Training / jeder Spieler / schwerfallen

➡ _____

⓫ im letzten Spiel / unterliegen / Deutschland / die Türkei / mit 2:3

➡ _____

⓬ der Coach / vertrauen / seine Spieler

➡ _____

연습문제 정답 **1** ❶ Das Verhalten des Sportlers fällt mir auf. ❷ Viele Fans stehen der Mannschaft stets bei. ❸ Ich möchte dem Sportverein beitreten. ❹ Der Trainerwechsel bei FC Bayern entspricht nicht dem Wunsch der Fans. ❺ Profispieler müssen den Ansagen ihres Trainers folgen. ❻ Während des Spiels muss jeder Spieler dem Schiedsrichter gehorchen. ❼ Die Leistung der neuen Spieler genügt den Anforderungen der Fans. ❽ Der deutsche Fußballspieler nähert sich seiner Höchstform. ❾ Ein Foul kann in einigen Fällen der Mannschaft viel nützen. ❿ Am Anfang kann hartes Training jedem Spieler schwerfallen. ⓫ Im letzten Spiel unterliegt Deutschland der Türkei mit 2:3. ⓬ Der Coach vertraut seinen Spielern.

09 3격+4격 지배 동사
Verben mit Dativ und Akkusativ

3격+4격 지배 동사는 3격과 4격 명사를 둘 다 목적어로 취하는 동사를 말합니다. 이 장에서는 이 동사들의 다양한 쓰임에 대해 배우고, 명사와 대명사가 복합적으로 사용된 경우 그 문장 순서에 대해 알아봅니다.

3격+4격 지배 동사의 의미에 따른 분류

수여	anbieten, bringen, geben, machen, reichen, schenken, (ver)leihen	Der Sieg der Mannschaft gegen Korea hat allen Deutschen Freude gemacht. 한국팀과의 대결에서 그 팀의 승리는 모든 독일 사람에게 기쁨을 주었다.
제시 또는 증명	nachweisen, vorlesen, vorspielen, zeigen	Ein Spieler kann von seinem Team entlassen werden, wenn er dem Trainer seine Leistung nicht nachweisen kann. 트레이너에게 실력을 입증할 수 없으면, 선수는 그 팀으로부터 방출될 수 있다.
수용과 거부	(ab)nehmen, stehlen, verweigern	Einem schnellen Fußballspieler kann man nur sehr schwer den Ball abnehmen. 빠른 축구 선수에게 공을 뺏는 것은 매우 어려울 수 있다.
전달	empfehlen, erzählen, mitteilen, verbieten, vorstellen	Der Trainer verbietet den Spielern die Nutzung des Smartphones im Trainingslager. 그 트레이너는 선수들에게 훈련장에서의 스마트폰 사용을 금지한다.
숨김	verschweigen, verbergen, vorenthalten	Der Topspieler hat dem Coach und seinen Mitspielern sein Doping verschwiegen. 그 최고의 선수는 그 코치와 그의 동료 선수들에게 자신의 도핑 사실을 숨겼다.
그 외의 동사들	angewöhnen, glauben, schulden, verschreiben, wünschen	Ein Arzt hat dem Spieler ein verbotenes Medikament verschrieben. 한 의사가 그 선수에게 금지된 약물을 처방했다.

- 대부분의 경우 3격은 '~에게'로, 4격은 '~를'로 해석할 수 있지만 그렇지 않은 경우도 있으므로 유의하세요.

3격+4격 지배 동사에서 사용된 목적어들의 문장 순서

3격 목적어	4격 목적어	문장 배열	예문
명사(dem Torwart)	명사(den Ball)	3격 + 4격	Der Abwehrspieler passt dem Torwart den Ball zu.
명사(dem Torwart)	대명사(ihn)	4격 + 3격	Der Abwehrspieler passt ihn dem Torwart zu.
대명사(ihm)	명사(den Ball)	3격 + 4격	Der Abwehrspieler passt ihm den Ball zu.
대명사(ihm)	대명사(ihn)	4격 + 3격	Der Abwehrspieler passt ihn ihm zu.

- 3격과 4격 목적어는 명사인 경우와 대명사인 경우에 따라 문장에서의 순서가 달라집니다.
- 목적어가 모두 대명사로 사용된 경우에는 4격 목적어가 3격 목적어의 앞에 위치합니다.
- 부록 2와 3에 있는 다양한 3격+4격 지배 동사들을 확인하세요.

연습문제 ÜBUNGEN

1 다음의 단어들을 사용하여 문장을 완성하세요. 🎧 MP3 010

❶ nach dem Spiel / geben / der Fußballspieler / ein Fan / sein Trikot

➡ _____

❷ alle Profispieler / möchten / die Zuschauer / ihre beste Leistung / zeigen

➡ _____

❸ nach der Niederlage / verweigern / einige Spieler / ihre Gegner / der Handschlag

➡ _____

❹ der Reporter / erzählen / TV-Zuschauer(Pl.) / die Geschichte des Fußballs

➡ _____

❺ alle Fans / wünschen / die deutsche Mannschaft / der Sieg gegen Frankreich

➡ _____

> ✒ 작문 오늘 그 운동선수는 언론에 자신의 은퇴를 알린다(mitteilen).
>
> _____

2 다음의 단어들을 어순에 맞게 배열하여 문장을 완성하세요. 🎧 MP3 011

> Viele Fans schenken dem Profispieler(ihm) viele Geschenke(sie) zu Weihnachten.

❶ dem Profispieler / sie

➡ Viele Fans schenken _____ _____ zu Weihnachten.

❷ ihm / viele Geschenke

➡ Viele Fans schenken _____ _____ zu Weihnachten.

❸ ihm / sie

➡ Viele Fans schenken _____ _____ zu Weihnachten.

> ✒ 작문 (주어진 모든 명사를 인칭대명사로 바꾸기)
>
> 그 코치(der Coach)는 그의 팀(seine Mannschaft)에게 새로운 선수들(neue Spieler)을 소개한다.
>
> _____

연습문제 정답   **1** ❶ Nach dem Spiel gibt der Fußballspieler einem Fan sein Trikot. ❷ Alle Profispieler möchten den Zuschauern ihre beste Leistung zeigen. ❸ Nach der Niederlage verweigern einige Spieler ihren Gegnern den Handschlag. ❹ Der Reporter erzählt TV-Zuschauern die Geschichte des Fußballs. ❺ Alle Fans wünschen der deutschen Mannschaft den Sieg gegen Frankreich. 작문 Heute teilt der Sportler der Presse seinen Rücktritt mit. **2** ❶ sie, dem Profispieler ❷ ihm, viele Geschenke ❸ sie, ihm 작문 Er stellt sie ihr vor.

29

10 전치사를 수반하는 동사
Verben mit Präpositionen

3격 목적어나 4격 목적어가 아닌, 전치사구를 수반하여 표현되는 동사들이 있습니다. 이 경우 전치사의 본래 의미가 사라지고 문법적으로만 사용되기도 합니다. 따라서 전치사 자체의 의미보다는 어떤 동사와 어떤 전치사가 결합되어 사용되는지를 익히는 것이 중요합니다.

전치사를 수반하는 동사와 함께 사용되는 전치사들

an, auf, aus, bei, durch, für, gegen, in, mit, nach, über, um, unter, von, vor, wegen, zu …

- 비록 an, auf, in, über, unter, vor는 위치 및 이동을 나타내는 전치사(Wechselpräposition)로 3격 및 4격의 격지배가 모두 가능하지만, 전치사를 수반하는 동사와 함께 사용되는 경우는 격지배가 아래와 같이 정해져 있습니다.
- an, auf, in: 3격과 4격 모두 가능.(동사에 따라 다름)
- unter, vor: 3격만 가능.
- über: 4격만 가능.

전치사를 수반하는 동사의 의미에 따른 분류

수단	mit, durch	Wenn Sie jetzt mit der Diät anfangen, werden Sie schnell wieder abnehmen. 지금 다이어트를 시작하시면 빨리 다시 감량하실 수 있습니다. Man kann nicht die gesamte Ernährung durch Nahrungsergänzungsmittel ersetzen. 모든 영양을 영양 보충제로 대체할 수 없다.
목적	an, auf, zu	Zu Nebenwirkungen müssen Sie sich an Ihren Arzt wenden. 부작용 시에 의사에게 문의해야 합니다. Der Arzt muss sich gut auf eine Operation vorbereiten. 의사는 수술을 잘 준비해야 한다. Ich will meine Mutter zur Operation überreden. 나는 어머니께 수술을 받도록 설득할 것이다.
근원, 재료, 출처	aus, von	Diese Erzählung stammt aus dem Mittelalter. 이 이야기는 중세 시대에서 비롯되었다. Die Gesundheit eines Menschen hängt von vielen Faktoren ab. 사람의 건강은 많은 요소로부터 영향을 받는다.
변화된 정도, 수치	um	Die Körpertemperatur meines Kindes stieg noch um drei Grad Celsius. 우리 아이의 체온이 3도 더 올라갔다.
생각, 토론의 내용	über	Viele Menschen klagen über Verdauungsbeschwerden wie Verstopfung und Durchfall. 많은 사람들이 변비와 설사 같은 소화불량을 호소한다.

- 위 동사들이 명사화될 때에도 해당 명사는 같은 전치사를 지배합니다.
    - 예) ersetzen durch ~를 통해 대체하다 ➡ Ersatz durch ~를 통한 대체
    - sich vorbereiten auf ~에 대해 준비하다 ➡ Vorbereitung auf ~에 대한 준비
- 부록 5에 있는 전치사를 수반하는 동사를 확인하세요.

1 빈칸에 알맞은 전치사를 넣으세요.　　　🎧 MP3 012

aus / bei / für / mit / über / um / um / unter / vor / zu

❶ ＿＿＿＿＿＿ den Worten des Arztes folgerte ich, dass mein Großvater schwer krank ist.

❷ ＿＿＿＿＿＿ gesunden Lebensstil gehören eine richtige Ernährung und viel Bewegung.

❸ Beim Sporttreiben geht es nicht nur ＿＿＿＿＿＿ Spaß, sondern auch ＿＿＿＿＿＿ die Gesundheit.

❹ Eine Diät muss man ＿＿＿＿＿＿ der richtigen Ernährung und genügend Schlaf verbinden.

❺ Bei Magen-Darm Erkrankungen kann man ＿＿＿＿＿＿ Appetitlosigkeit leiden.

❻ Mein Großvater hat sich ＿＿＿＿＿＿ die Operation entschieden.

❼ Der Arzt hat mich ＿＿＿＿＿＿ der Gefahr einer Laserbehandlung am Auge nicht gewarnt.

❽ Vor einer ärztlichen Behandlung muss man immer ＿＿＿＿＿＿ die Risiken nachdenken.

❾ Meine Mutter bedankt sich ＿＿＿＿＿＿ ihrem Arzt für die gute Betreuung.

> 🖊 작문 약을 복용하기 전에 부작용에 대해 알아보아야 한다.
> ＿＿＿＿＿＿＿＿＿＿＿＿＿＿＿＿＿＿＿＿＿＿＿＿＿＿＿＿＿＿＿＿＿＿

2 전치사 an, auf, in 뒤에 오는 관사 또는 형용사를 격에 유의하여 알맞게 넣으세요.

❶ **an**

3격: Meine Großmutter starb ＿＿＿＿＿＿ Diabetes.

4격: Nach dem Unfall kann er sich nicht mehr ＿＿＿ ＿＿＿ Ereignisse vor dem Unfall erinnern.

❷ **auf**

3격: Viele asiatische Medikamente basieren auf pflanzlich＿＿＿＿＿ Wirkstoffen.

4격: Einige Patienten wollen auf lebensverlängernd＿＿＿＿＿ Maßnahmen verzichten.

❸ **in**

3격: Arztpraxen unterscheiden sich in ＿＿＿＿＿＿ Fachrichtung des jeweiligen Arztes.

4격: Nach einer langen Krankheit kann ein Patient in tief＿＿＿＿＿ Depression geraten.

> 🖊 작문 나는 이미 어릴 때부터 천식(Asthma)을 앓아 왔다.
> ＿＿＿＿＿＿＿＿＿＿＿＿＿＿＿＿＿＿＿＿＿＿＿＿＿＿＿＿＿＿＿＿＿＿

연습문제 정답 **1** ❶ Aus ❷ Zum ❸ um, um ❹ mit ❺ unter ❻ für ❼ vor ❽ über ❾ bei 작문 Vor der Einnahme eines Medikaments muss man sich über die Nebenwirkungen informieren. **2** ❶ am, an die ❷ en, e ❸ der, e 작문 Ich leide schon seit meiner Kindheit an Asthma.

반재귀동사
Unechte reflexive Verben

재귀동사는 쓰임에 따라 반재귀동사(Unechte reflexive Verben)와 순수재귀동사(Echte reflexive Verben)로 분류됩니다. 이 장에서는 목적어 또는 재귀대명사와 함께 사용될 수 있는 반재귀동사의 특징에 대해 살펴봅니다.

재귀대명사의 종류

인칭대명사	ich	du	er/sie/es	wir	ihr	sie/Sie
재귀대명사 3격	mir	dir	sich	uns	euch	sich
재귀대명사 4격	mich	dich	sich	uns	euch	sich

반재귀동사의 활용

4격 목적어를 취한 경우	Die Mutter zieht ihr Kind an. 그 엄마는 그녀의 아이를 옷 입혀준다.	ihr Kind (4격 목적어 ≠ 주어)	그녀의 아이를 (4격)
재귀대명사를 취한 경우	Die Mutter zieht sich an. 그 엄마는 자신을 옷 입혀준다.	sich (재귀대명사 = 주어)	(그녀) 자신을 (4격)

- 반재귀동사는 문장 안에서 재귀대명사나 4격 목적어를 취할 수 있으며, 해당 재귀대명사 혹은 4격 목적어는 의미를 가지고 있습니다. 다음 장에서 배울 순수재귀동사가 4격 목적어를 취할 수 없고, 사용된 재귀대명사가 아무런 의미를 갖지 않는다는 점과 비교할 수 있습니다.
- 반재귀동사는 일종의 타동사로, 재귀대명사(=주어) 또는 4격 목적어(≠주어)를 목적어 자리에 놓게 됩니다.
- 재귀대명사와 4격 목적어를 동시에 쓰는 경우 재귀대명사는 4격이 아닌 3격이 오게 됩니다.
  - 예 Ich putze mir die Zähne.

주요 반재귀동사

반재귀동사 + 4격 재귀대명사	sich ändern, sich anmelden, sich anziehen, sich bewegen, sich entschuldigen, sich fragen, sich informieren, sich interessieren, sich kämmen, sich rasieren, sich schminken, sich setzen, sich langweilen, sich umziehen, sich unterhalten, sich verändern, sich verletzen, sich waschen, sich wiegen
	Beim Kochen hat meine Mutter sich verletzt. 요리하다가 엄마가 다쳤다.
반재귀동사 + 3격 재귀대명사 + 4격 목적어	sich etwas ansehen, sich etwas anziehen, sich etwas ausdenken, sich etwas nehmen, sich etwas kaufen, sich etwas vorstellen, sich die Zähne putzen, sich etwas waschen, sich etwas merken
	Gestern habe ich mir einen Laptop gekauft. 어제 나는 노트북 한 대를 구입했다.
반재귀동사 + 4격 재귀대명사 + 전치사구	sich ärgern über 4격, sich aufregen über 4격, sich beschäftigen mit 3격, sich beteiligen an 3격, sich erinnern an 4격, sich fürchten vor 3격, sich gewöhnen an 4격, sich informieren über 4격, sich trennen von 3격, sich unterscheiden von 3격, sich vorbereiten auf(für) 4격
	In der Pubertät ärgern sich Kinder oft über ihre Eltern. 사춘기에 아이들은 종종 부모에게 화가 난다.

- 반재귀동사는 다양한 방식으로 활용됩니다. 특히 전치사구와 함께 활용되는 경우 숙어로 익혀두는 것이 좋습니다.

연습문제 ÜBUNGEN

1 목적어가 재귀대명사로 사용된 경우만 괄호 안에 r로 표시하세요.

❶ Bitte setzen Sie sich! (＿＿＿)

❷ Wo treffen wir uns morgen? (＿＿＿)

❸ Die Mutter kämmt ihr die Haare. (＿＿＿)

❹ Bei diesem Wetter müsst ihr euch nicht so warm anziehen. (＿＿＿)

❺ Kauf mir bitte einen warmen Mantel! (＿＿＿)

❻ Meine Eltern erinnern mich oft an meine Kindheit. (＿＿＿)

❼ Als Kind konnte ich mich nicht an meine Stiefmutter gewöhnen. (＿＿＿)

❽ Mein Vater leiht mir sein Auto nie. (＿＿＿)

> 🖊 작문 우리 아이는 이빨 닦는 것을 좋아하지 않는다.
>
> ＿＿＿＿＿＿＿＿＿＿＿＿＿＿＿＿＿＿＿＿＿＿＿＿＿＿

2 빈칸에 알맞은 재귀대명사를 넣으세요.　🎧 MP3 013

❶ Dieses Jahr bereite ich ＿＿＿＿＿＿ auf meine Abschlussprüfung vor.

❷ Ich kann ＿＿＿＿＿＿ an den ersten Geburtstag meines Kindes erinnern.

> 🖊 작문 식사 전에 우리 아이들은 손을 씻어야 한다(sollen).
>
> ＿＿＿＿＿＿＿＿＿＿＿＿＿＿＿＿＿＿＿＿＿＿＿＿＿＿

3 재귀동사를 사용하여 문장을 완성하세요.　🎧 MP3 014

❶ (sich bewegen): mein Großvater / können / nach seiner Operation / nicht

➡ ＿＿＿＿＿＿＿＿＿＿＿＿＿＿＿＿＿＿＿＿＿＿＿＿

❷ (sich wünschen): mein jüngerer Bruder / eine Schwester

➡ ＿＿＿＿＿＿＿＿＿＿＿＿＿＿＿＿＿＿＿＿＿＿＿＿

❸ (sich erinnern an 4격): meine Schwester / noch / der letzte Urlaub in Korea

➡ ＿＿＿＿＿＿＿＿＿＿＿＿＿＿＿＿＿＿＿＿＿＿＿＿

> 🖊 작문 내 친구들은 내 생일을 기억하지 못했다.
>
> ＿＿＿＿＿＿＿＿＿＿＿＿＿＿＿＿＿＿＿＿＿＿＿＿＿＿

연습문제 정답 **1**❶ r ❷ r ❸ — ❹ r ❺ — ❻ — ❼ r ❽ — 작문 Mein Kind putzt sich die Zähne nicht gern. **2**❶ mich ❷ mich 작문 Vor dem Essen sollen meine Kinder sich die Hände waschen. **3**❶ Mein Großvater kann sich nach seiner Operation nicht bewegen. ❷ Mein jüngerer Bruder wünscht sich eine Schwester. ❸ Meine Schwester erinnert sich noch an den letzten Urlaub in Korea. 작문 Meine Freunde haben sich nicht an meinen Geburtstag erinnert.

순수재귀동사와 상호동사
Echte reflexive Verben und reziproke Verben

순수재귀동사는 반재귀동사와 달리 항상 재귀대명사만을 목적어로 취할 수 있는 동사를 말합니다. 또한 상호동사 역시 재귀대명사를 목적어로 취하는 동사입니다.

순수재귀동사의 활용

- 순수재귀동사는 반드시 재귀대명사(=주어)와 함께 쓰이며, 다른 목적어(주어와 대상이 동일하지 않은 목적어)가 이를 대체할 수 없습니다.

  예 Ich beeile mich. (O)   Ich beeile dich. (X)

- 순수재귀동사와 함께 쓰이는 재귀대명사는 형태적으로만 주어와 동일한 대상을 나타낼 뿐, 특정 의미를 갖지 않습니다.

주요 순수재귀동사

순수재귀동사 + 4격 재귀대명사	sich auskennen, sich ausruhen, sich beeilen, sich befinden, sich entscheiden, sich entschließen, sich ereignen, sich erholen, sich erkälten, sich irren, sich verhalten, sich verirren, sich verspäten
	Ich habe mich entschlossen, mich von meinem Freund zu trennen. 나는 내 남자친구와 헤어지기로 결심했다.
순수재귀동사 + 4격 재귀대명사 + 전치사구	sich auf den Weg machen, sich bedanken für, sich beschweren über 4격, sich bewerben um, sich beziehen auf 4격, sich einigen auf 4격, sich erkundigen nach, sich freuen auf/über 4격, sich konzentrieren auf 4격, sich kümmern um, sich schämen für, sich sehnen nach, sich verlieben in 4격, sich verlassen auf 4격, sich wundern über 4격
	Ich wollte mich bei dir für deine Hilfe bedanken. 나는 네 도움에 감사를 전하고 싶었어.
순수재귀동사 + 3격 재귀대명사 + 4격 목적어	sich etwas denken, sich etwas leisten, sich Mühe geben, sich Sorgen machen, sich etwas merken, sich etwas vorstellen
	Ich habe mir sehr große Mühe gegeben, meine Aussprache zu verbessern. 나는 내 발음을 개선하기 위해 큰 노력을 기울였다.
전치사구 내의 재귀대명사	für sich behalten, zu sich nehmen
	Ich kann kein Geheimnis für mich behalten. 나는 어떤 비밀도 지킬 수가 없다.

- 순수재귀동사는 주로 4격 재귀대명사와 사용되지만, 3격 재귀대명사가 올 수도 있습니다. 또, 전치사구와 함께 활용될 수도 있으며 전치사구 안에 재귀대명사가 오기도 합니다.

상호동사

상호동사	sich anfreunden, sich überwerfen, sich verfeinden, sich einigen, sich streiten, sich treffen, sich verabreden, sich lieben, sich hassen, sich begrüßen,···
예문	Steffen und Marie haben sich vor zwei Wochen verfeindet. Steffen과 Marie는 2주 전에 서로 사이가 나빠졌다. Wir treffen uns heute Abend um 20 Uhr vor der Unibibliothek. 우리는 오늘 저녁 8시에 대학 도서관 앞에서 만난다. Steffen und Franzi haben sich angefreundet. Steffen과 Franzi는 서로 친해졌다. Wir haben uns gestritten. 우리는 서로 다투었다. Frank und Anna lieben sich. Frank와 Anna는 서로 사랑한다.

- 상호동사는 주어(복수)가 동사적 행위를 서로 주고받는 경우를 나타내는 동사로서 재귀대명사가 함께 사용됩니다.

연습문제 ÜBUNGEN

1 빈칸에 알맞은 재귀대명사를 넣으세요. 🎧 ▶ MP3 015

❶ Auf meiner Geburtstagsparty habe ich _____ um das ganze Menü gekümmert.

❷ Nachdem er durch die Prüfung gefallen war, hat mein Freund _____ geschämt.

❸ Ich kann nicht glauben, dass du _____ wirklich in ihn verliebt hast.

❹ Freust du _____ auf den Besuch deiner Mutter?

❺ Tschuldigung! Wie war dein Name? Ich kann _____ Namen nie gut merken.

❻ Ich verlasse _____ nicht auf dein Wort.

❼ Mein ausländischer Freund sehnt _____ ab und zu nach seinem Heimatland.

❽ Während meiner Diät darf ich nicht zu viel Zucker zu _____ nehmen.

❾ Meine Eltern streiten _____ selten.

> ✒ 작문 휴학하는 동안에 난 쉬고 싶다.
>
> _____

2 빈칸에 알맞은 단어를 넣으세요. 🎧 ▶ MP3 016

> sich beschweren über / sich beziehen auf / sich einigen
> sich entscheiden / sich ereignen / sich erkälten / sich verhalten / sich verspäten

❶ Ich habe _____ beim Prüfungsamt _____ die neue
Prüfungsordnung _____.

❷ Die Angaben der Grafik _____ _____ _____ den Zeitraum von 2000 bis
2015.

❸ Die sächsische Staatsregierung _____ _____ auf die Abschaffung der
Studienbeiträge.

❹ Leider hat _____ meine Freundin zum Hochschulwechsel _____.

❺ Die meisten Fahrradunfälle _____ _____ an Kreuzungen.

❻ Bei wechselhaftem Wetter kann man _____ leicht _____.

❼ Meine Schwester _____ _____ gegenüber meiner Freundin komisch.

❽ Gestern kam ich zu spät zur Vorlesung. Meine Straßenbahn hatte _____ _____.

> ✒ 작문 나는 끝내 학업 중단을 결정했다(entschließen).
>
> _____

연습문제 정답 **1** ❶ mich ❷ sich ❸ dich ❹ dich ❺ mir ❻ mich ❼ sich ❽ mir ❾ sich 작문 Im Urlaubssemester möchte ich mich ausruhen.
2 ❶ mich, über , beschwert ❷ beziehen, sich, auf ❸ einigt, sich ❹ sich, entschieden ❺ ereignen, sich ❻ sich, erkälten ❼
verhält, sich ❽ sich, verspätet 작문 Ich habe mich endlich zum Studienabbruch entschlossen.

35

상태수동과 유사수동문
Zustandspassiv und Passiversatzformen

상태수동(Zustandspassiv)은 과거에 일어난 사건의 결과가 현재에도 지속되고 있음을 나타내는 경우에 사용됩니다. 또한 유사수동문은 수동태의 구조 없이 수동의 의미를 나타내는 문장입니다.

상태수동의 형태

sein + 과거분사	Die Luftverschmutzung der Städte ist durch den Einsatz der Elektroautos verringert. 그 도시들의 대기 오염은 전기차의 도입으로 감소된 상태이다.

진행수동과 상태수동의 비교

진행수동(과거)	Die Luft der Stadt ist durch Schadstoffausstoß verschmutzt worden. 이 도시의 공기는 유해 가스 배출로 인해 오염되었다.
상태수동(현재)	Die Luft der Stadt ist durch Schadstoffausstoß verschmutzt. 이 도시의 공기는 유해 가스 배출로 인해 오염되어 있다.

- 상태수동은 진행수동의 현재완료형을 나타내는 worden(werden의 과거분사)이 생략되어 있으며, 문장의 시제와 의미에서 진행수동과 큰 차이가 있습니다. 진행수동의 현재완료형은 과거의 일을 말하는 반면, 상태수동의 현재형은 과거의 일이 지금에까지 영향을 미치고 있음을 말해주고 있습니다.

유사수동문의 종류

sein + -bar/-lich	-bar/-lich가 동사어간 후미에 붙어 sein 동사와 함께 사용되면 können의 수동을 의미하게 됩니다.
	Fossile Energien sind durch erneuerbare Energien ersetzbar. 화석 에너지는 재생 에너지들을 통해 대체될 수 있다.
	(=Fossile Energien können durch erneuerbare Energien ersetzt werden.)
sein + zu 부정형	können, müssen, sollen의 수동을 나타냅니다. 어떤 화법조동사의 의미가 적용되는지는 문맥 또는 문장을 통해 파악할 수 있습니다.
	Radioaktiver Abfall ist nicht leicht zu entsorgen. 방사성 폐기물은 쉽게 폐기되지 않는다. (=Radioaktiver Abfall kann nicht leicht entsorgt werden.)
lassen + sich + 동사 원형	können의 수동을 나타냅니다.
	Umweltprobleme lassen sich nur durch die Mitarbeit jedes Einzelnen bewältigen. 환경 문제는 개개인의 협력을 통해서만 극복될 수 있다.
	(=Umweltprobleme können nur durch die Mitarbeit jedes Einzelnen bewältigt werden.)
bekommen / erhalten / kriegen + 과거분사	수동태의 의미를 나타냅니다. 하지만 문장 구성에 유의해서 보아야 합니다.
	Meine Frau bekam Blumen geschenkt. 우리 아내는 꽃을 선물로 받았다. (=Meiner Frau wurden Blumen geschenkt.)

- 수동태는 아니지만 수동의 의미를 표현할 수 있는 문장을 유사수동문이라고 합니다.

연습문제

1 다음 진행수동문을 상태수동문으로 바꾸세요. 🎧 MP3 017

❶ Tschernobyl ist durch die Nuklearkatastrophe vergiftet worden.

➡ _____

❷ Durch die Nutzung der Solarenergie ist viel Geld gespart worden.

➡ _____

❸ Schon eine erhebliche Summe ist zum Abbau des Atommülls investiert worden.

➡ _____

> ✒ 작문 그 강은 공장 폐수(Abwasser von Fabriken)로 인해 오염되어 있다.
> _____

2 다음 주어진 문장을 유사수동문으로 바꾸세요.

❶ Lebensmittel aus radioaktiv verseuchten Regionen können nicht gegessen werden.

➡ sein + –bar : _____

❷ CO_2-Emissionen können ohne strenge Gesetze nicht reduziert werden.

➡ sein + zu 부정형 : _____

❸ Solarenergie kann mit einer Solaranlage in Wärme umgewandelt werden.

➡ lassen + sich + 동사 원형 : _____

❹ Mir wurde ein Fußballtrikot geschenkt.

➡ bekommen + 과거분사 : _____

> ✒ 작문 (sein + –bar) 이산화탄소 배출은 엄격한 법안들 없이는 감소될 수 없다.
> _____

연습문제 정답 **1** ❶ Tschernobyl ist durch die Nuklearkatastrophe vergiftet. ❷ Durch die Nutzung der Solarenergie ist viel Geld gespart. ❸ Schon eine erhebliche Summe ist zum Abbau des Atommülls investiert. 작문 Der Fluss ist durch Abwasser von Fabriken verschmutzt. **2** ❶ Lebensmittel aus radioaktiv verseuchten Regionen sind nicht essbar. ❷ CO_2-Emissionen sind ohne strenge Gesetze nicht zu reduzieren. ❸ Solarenergie lässt sich mit einer Solaranlage in Wärme umwandeln. ❹ Ich bekam ein Fußballtrikot geschenkt. 작문 CO_2-Emissionen sind ohne strenge Gesetze nicht reduzierbar.

sein, haben, können의 접속법 2식
sein, haben und können im Konjunktiv II

접속법 2식은 주로 (비현실적) 가정, 바람, 공손함, 제안 등을 나타내는 문법적 표현입니다. 동사 sein, haben, können은 접속법 2식의 형태로 자주 사용되는 대표적인 동사들입니다. 이 장에서는 이 동사들의 접속법 2식 형태와 시제에 대해 알아봅니다.

sein의 접속법 2식 현재형과 현재완료형

접속법 2식 현재형	wäre	Es wäre sehr nett, wenn Sie mir möglichst schnell Bescheid geben könnten. 저에게 가능한 한 빨리 알려주시면 감사하겠습니다.
접속법 2식 현재완료형	wäre + 과거분사	Ich wäre nicht zu spät gekommen. 나는 너무 늦게 도착하지 않았을 텐데.

- 접속법 2식의 기본적인 의미 외에도 '~하는 것은 어떠하다'라는 표현을 위해, 'Es wäre 형용사 + 부문장'의 구조로 자주 사용됩니다.
- 접속법 2식 현재완료형은 직설법 현재완료형에서 sein 동사를 접속법 2식 형태로 바꿔주면 됩니다.

  예 Ich bin nicht zu spät gekommen.　➡　Ich wäre nicht zu spät gekommen.
  나는 너무 늦게 도착하지 않았다.　　　　나는 너무 늦게 도착하지 않았을 텐데.

haben의 접속법 2식 현재형과 현재완료형

접속법 2식 현재형	hätte	Ich hätte gerne drei Brötchen und einen Kaffee. 브뢰첸 3개랑 커피 한 잔 주세요.
접속법 2식 현재완료형	hätte + 과거분사	Ich hätte ihm nicht geholfen. 내가 그에게 도움을 주지 않았을 텐데.

- 접속법 2식의 기본적 의미 외에도 주문하거나 구입하는 상황에서 바람을 나타내는 표현으로 주로 사용됩니다.
- 접속법 2식 현재완료형은 직설법 현재완료형에서 haben 동사를 접속법 2식 형태로 바꿔주면 됩니다.

  예 Ich habe ihm nicht geholfen.　➡　Ich hätte ihm nicht geholfen.
  내가 그에게 도움을 주지 않았다.　　　내가 그에게 도움을 주지 않았을 텐데.

können의 접속법 2식 현재형과 현재완료형

접속법 2식 현재형	könnte + 동사 원형	Ich könnte dir beim Umzug helfen, wenn ich Zeit hätte. 시간이 되면 너의 이사를 도와줄 수 있을 텐데. Er könnte vielleicht Lust auf Kino haben. 그는 어쩌면 영화관에 갈 의향이 있을 것이다.
접속법 2식 현재완료형	hätte + 동사 원형 + können	Ich hätte ihm beim Umzug helfen können. 내가 그의 이사를 도울 수 있었을 텐데.

- 주로 (비현실적) 가능성, 정중함, 또는 추측을 나타내기 위해 사용됩니다.
- 접속법 2식 현재완료형은 직설법 현재완료형에서 haben 동사를 접속법 2식 형태로 바꿔주면 됩니다. 화법조동사의 현재완료형 형태에 대해서는 18장에서 자세히 다룹니다.

  예 Ich habe ihm beim Umzug helfen können.　➡　Ich hätte ihm beim Umzug helfen können.
  내가 그의 이사를 도와줄 수 있었다.　　　　　　내가 그의 이사를 도와줄 수 있었을 텐데.

연습문제 ÜBUNGEN

1 빈칸에 sein의 접속법 2식을 문장의 시제에 알맞게 넣으세요. 🎧 MP3 018

❶ Es _____ schön, wenn wir diese Aufgabe bis morgen schaffen könnten.

❷ Für eine Einladung zum Konzert _____ ich Ihnen sehr dankbar.

❸ Meine kleine Tochter träumt davon, dass sie eine Prinzessin _____.

❹ Unsere Grillparty _____ viel toller _____, wenn es nicht geregnet hätte.

❺ Wenn der Unfall nicht passiert _____, _____ die Familie nicht so traurig _____.

> 🖊작문 밖의 날씨가 그렇게 춥지 않았다면 나는 산책하러 갔을 거야.
>
> _____

2 빈칸에 haben의 접속법 2식을 알맞게 넣으세요. 🎧 MP3 019

❶ Ich _____ gerne eine Apfelschorle ohne Eis.

❷ Chef, ich _____ gerne einen längeren Urlaub für einen Familienurlaub.

❸ Wenn ich Zeit _____, könnte ich dir bei den Hausaufgaben helfen.

❹ Ich _____ nicht alles aufgegessen, wenn es nicht so lecker gewesen wäre.

❺ An deiner Stelle _____ ich den Vertrag nicht unterschrieben.

> 🖊작문 나의 집주인이 임대료를 올리지(erhöhen) 않았다면 나는 이사하지 않았을 거야.
>
> _____

3 다음 문장을 können의 접속법 2식을 사용한 문장으로 바꾸세요.

❶ Sprechen Sie bitte leise!

➡ _____

❷ Wenn du mir hilfst, dann schaffe ich die Aufgabe bis heute Nacht.

➡ _____

❸ Weil meine Eltern mich zum Umzug gezwungen haben, konnte ich nicht mehr bei ihnen wohnen.

➡ Wenn _____

> 🖊작문 레시피가 있었다면 나는 요리를 더 잘할 수 있었을 거야.
>
> _____

연습문제 정답 **1** ❶ wäre ❷ wäre ❸ wäre ❹ wäre, gewesen ❺ wäre, wäre, gewesen 작문 Wenn es draußen nicht so kalt gewesen wäre, wäre ich spazieren gegangen. **2** ❶ hätte ❷ hätte ❸ hätte ❹ hätte ❺ hätte 작문 Wenn mein Vermieter die Miete nicht erhöht hätte, wäre ich nicht umgezogen. **3** ❶ Könnten Sie bitte leise sprechen? ❷ Wenn du mir helfen könntest, dann könnte ich die Aufgabe bis heute Nacht schaffen. ❸ meine Eltern mich nicht zum Umzug gezwungen hätten, hätte ich noch bei ihnen wohnen können. 작문 Wenn ich ein Rezept gehabt hätte, hätte ich es besser kochen können.

일반 동사와 werden의 접속법 2식
Vollverben und werden im Konjunktiv II

일반 동사의 접속법 2식은 주로 werden 동사의 접속법 2식 형태인 würden을 활용하여 würden + 동사 원형으로 표현합니다. 다만 몇몇 불규칙 동사의 경우 werden 동사의 도움 없이 접속법 2식 형태를 그대로 사용하는 경우도 있습니다. 이 장에서는 이러한 일반 동사의 접속법 2식 형태와 더불어 werden 동사가 다양한 동사 형식에서 활용될 때의 접속법 2식을 알아봅니다.

일반 동사의 접속법 2식

① 일반적인 형태의 접속법 2식: würden + 동사 원형(Infinitiv)

		현재형	과거형	접속법 2식
er		sagt	sagte	würde sagen

② 몇몇 불규칙 동사의 접속법 2식: (변모음) + 과거형(Präteritum) + (e)

		현재형	과거형	접속법 2식	
er		kommt	kam	(변모음) + 과거형(Präteritum) + (e)	käme
		bleibt	blieb		bliebe
		geht	ging		ginge
		gibt	gab		gäbe
		lässt	ließ		ließe
		weiß	wusste		wüsste

동사 werden의 접속법 2식

① werden의 접속법 2식: würden

		현재형	과거형	접속법 2식
er		wird	wurde	würde

② 진행수동 현재형의 접속법 2식: würden + 과거분사(Partizip II)

진행수동태	Beim Umzug wird mir geholfen. 이사할 때 도움을 받는다.
진행수동태 접속법 2식	Beim Umzug würde mir geholfen. (지금) 이사할 때 도움을 받을 텐데.

연습문제 ÜBUNGEN

1 다음 문장의 밑줄 친 동사를 접속법 2식으로 바꾸세요.

❶ Mit dem Taxi <u>komme</u> ich nicht zu spät zur Arbeit.

➡ Mit dem Taxi _____ ich nicht zu spät zur Arbeit.

❷ Wenn das Wetter schlecht <u>ist</u>, <u>bleibe</u> ich zu Hause.

➡ Wenn das Wetter schlecht _____, _____ ich zu Hause.

❸ Ich <u>gehe</u> zu seiner Abschiedsparty, wenn du auch <u>kommst</u>.

➡ Ich _____ zu seiner Abschiedsparty, wenn du auch _____.

> 💡작문 (일반 동사의 접속법 2식 사용) 버스가 정확한 시간에 온다면 집에 걸어가지 않을 텐데.
> _____

2 다음 문장을 würden을 사용한 접속법 2식의 문장으로 만드세요. 🎧 MP3 020

❶ Bitte leih mir mal dein Fahrrad!

➡ _____

❷ Wenn ich eine Arbeitsstelle bekomme, kaufe ich dir einen Laptop.

➡ _____

> 💡작문 ❶ 저에게 이 문법을 좀 더 자세하게 설명해 주시겠어요?
> _____
>
> ❷ 내 방이 좀 더 크면 내 친구 모두를 초대할 텐데.
> _____

16 sollen의 접속법 2식, 접속법 2식의 활용
sollen im Konjunktiv II und Gebrauch von Konjunktiv II

화법조동사 sollen의 접속법 2식 sollten은 조건, 양보, 확신에 찬 추측을 나타내는 문장에 사용되며, 권고 또는 제안을 할 경우에 자주 사용됩니다.

sollen의 접속법 2식 형태

접속법 2식 기본 형태	sollten + 동사 원형	Sie sollten jetzt das Ticket buchen, weil der Preis schnell teurer werden könnte. 가격이 빠르게 더 오를 수 있기 때문에, 지금 그 티켓을 예약하는 게 좋을 겁니다.
wenn 조건절	sollten이 wenn의 자리를 대체	Sollte der Zug sich verspäten, müsste ich die Verabredung verschieben. 기차가 늦으면, 나는 약속을 미뤄야 한다.

sollten의 주요 의미

권고 또는 제안	'~하는 게 좋을 것 같다'라는 의미	Sie sollten jetzt das Ticket buchen, weil der Preis schnell teurer werden könnte. 가격이 빠르게 더 오를 수 있기 때문에, 지금 그 티켓을 예약하는 게 좋을 겁니다.
조건	조건절의 의미 강조	Wenn der Zug sich verspäten sollte, müsste ich meine Verabredung verschieben. 기차가 늦으면, 나는 약속을 미뤄야 한다.
양보	양보절의 의미 강조	Auch wenn ich keine Lust auf Fußball haben sollte, muss ich das Spiel heute gucken. 나는 축구에 관심이 없지만, 오늘 그 경기는 봐야 한다.
확신에 찬 추측	'분명 ~일 것이다'라는 의미	Meine Frau sollte mich schon vermissen. 내 아내는 이미 나를 그리워하고 있을 것이다.

접속법 2식의 다양한 활용

조건을 나타내는 부문장 wenn, falls에서의 활용	Wenn ich Zeit hätte, würde ich dir beim Umzug helfen. 시간이 있으면 네 이사를 도와줄 텐데. Die Prüfung wäre dir nicht so schwergefallen, wenn du dafür gelernt hättest. 네가 그것을 위해 공부했다면, 그 시험이 그렇게 어렵지 않았을 거야.
비교를 나타내는 부문장 als ob, als wenn(마치 ~처럼)에서의 활용	Julia nickte, als ob(wenn) sie alles verstanden hätte. Julia는 모든 것을 이해했다는 듯이 고개를 끄덕였다.
주문장 없는 부문장에서의 활용	Wenn ich mehr Zeit hätte! 내게 시간이 좀 더 있었더라면! Als ob ich das nicht hätte verstehen können! 내가 그것을 이해 못했다는 거야?

- wenn 또는 falls 구문에서 접속사가 생략된 경우 접속법 2식이 해당 부문장 제일 앞에 옵니다.

  예 Wenn ich Zeit hätte, würde ich dir beim Umzug helfen.

  = Hätte ich Zeit, würde ich dir beim Umzug helfen.
  시간이 있으면 네 이사를 도와줄 텐데.

- als ob(als wenn) 구문에서 ob 또는 wenn이 생략되어 als만 접속사로 사용된 경우, 접속법 2식은 als 바로 뒤에 위치합니다.

  예 Julia nickte, als ob sie alles verstanden hätte. = Julia nickte, als hätte sie alles verstanden.
  Julia는 모든 것을 이해했다는 듯이 고개를 끄덕였다.

1 sollen의 접속법 2식을 사용하여 독일어 문장을 완성하세요. 🎧 **MP3** 021

❶ 너 지금 TV 켜야 해. 그러지 않으면 그 방송을 놓치게 될 거야.

➡ _____, sonst verpasst du die Sendung.

❷ 그 드라마(die Serie)가 정말 그렇게 빨리 끝나버린다면, 대부분의 시청자들은 실망할지도 몰라.

➡ _____, würden die meisten Zuschauer enttäuscht sein.

❸ 그 영화에 유명 배우들이 등장하지(mitspielen) 않음에도 불구하고, 많은 관객들은 그 영화의 줄거리(die Handlung)를 좋아한다.

➡ _____

2 다음 문장에서 wenn을 생략하여 같은 의미의 접속법 2식 문장을 만드세요.

❶ Wenn es nötig sein sollte, könnte die Serie um einige Staffeln verlängert werden.

➡ _____

❷ Wenn Jugendliche stätig gewalttätige Filme anschauen sollten, könnten sie schneller zur Gewalt neigen.

➡ _____

3 다음 문장을 als ob을 사용하여 접속법 2식 문장으로 완성하세요. 🎧 **MP3** 022

❶ Viele Prominenten tun so in öffentlichen Auftritten, (sie sind jemand anders).

➡ _____

❷ Der Schauspieler spielte in einem Film so, (er ist verschiedene Personen).

➡ _____

4 다음 문장을 ob을 생략한 문장으로 만드세요.

Beim Film Gucken fühlte ich mich, als ob ich der Held der Geschichte wäre

➡ _____

✒ 작문 너는 마치 그 영화의 결말을 미리 알고 있는 것처럼 보였다.

_____

17 접속법 1식
Konjunktiv I

접속법 1식은 간접 화법으로 제3자의 발화 및 보도 또는 연구적 결과를 표현할 때 사용합니다. 이 장에서는 접속법 1식의 동사 변화, 표현 방법, 과거 시제 등에 대해 알아봅니다.

접속법 1식의 동사 변화

	어미	fahren	sein	haben	müssen
ich	-e	**fahre**	sei	**habe**	müsse
du	-est	fahrest	sei(e)st	habest	müssest
er/sie/es	-e	fahre	sei	habe	müsse
wir	-en	**fahren**	seien	**haben**	**müssen**
ihr	-et	fahret	sei(e)t	habet	müsset
sie/Sie	-en	**fahren**	seien	**haben**	**müssen**

- 접속법 1식은 동사의 어간에 어미를 붙여 동사 변화합니다. 단, sein 동사는 예외입니다.
- 위 표의 밑줄 친 부분은 직설법 현재형의 형태와 같습니다. 이와 같이 접속법 1식의 형태가 동사의 직설법 현재형과 같은 경우, 즉 둘 사이를 구분할 수 없는 경우 접속법 2식의 형태로 접속법 1식을 대신해 표현합니다.
  - 예 Alle Bundesesländer hätten die allgemeinen Studiengebühren abgeschafft.
    모든 연방주들이 등록금을 폐지했다고 한다.

접속법 1식의 의미

제3자의 발화	Mein Freund sagte, er werde sein Examen nicht wiederholen. 내 친구는 시험을 다시 치르지 않을 것이라고 말했다.
공식적인 보도/특정 연구	Der Minister sagt, Studiengänge würden auf das neue Bachelor-System umgestellt. 그 장관은 학과 과정이 새로운 학사 제도로 변경될 것이라고 말한다.

접속법 1식의 표현 방법

발화를 의미하는 동사 활용	antworten, behaupten, berichten, betonen, erklären, fragen, sagen …
	Der Student behauptete, bei der Klausur habe er nicht vom Nachbarn abgeschrieben. 그 대학생은 시험에서 다른 학생으로부터 베끼지 않았다고 주장했다.
발화를 표현해주는 기타 단어들 활용	Ansicht, Antwort, Behauptung, Meinung, gemäß, laut, nach, zufolge …
	Seiner Meinung nach sei die Abschlussprüfung nicht schwierig gewesen. 그의 생각에는 그 졸업 시험이 어렵지 않았다고 한다.

- 반드시 제시된 방법으로 접속법 1식을 표현해야 하는 것은 아닙니다. 하지만 많은 경우 위와 같은 방법이 활용됩니다.

접속법 1식의 과거 시제

직설법 과거형	Er sagt, er schwänzte die Schule nicht. 그는 학교를 빼먹지 않았다고 말한다.
직설법 현재완료형	Er sagt, er hat die Schule nicht geschwänzt. 그는 학교를 빼먹지 않았다고 말한다.
직설법 과거완료형	Er sagte, er hatte die Schule nicht geschwänzt. 그는 학교를 빼먹지 않았었다고 말했다.
접속법 1식 과거 표현	Er habe die Schule nicht geschwänzt. 그는 학교를 빼먹지 않았다고 한다.

• 직설법에서는 과거형, 현재완료형, 과거완료형이 구분되지만 접속법 1식에서는 구분 없이 형태가 동일합니다.

연습문제 ÜBUNGEN

1 다음 문장의 동사를 접속법 1식으로 바꾸세요.

❶ Martin sagt, er wird exmatrikuliert.

➡ Martin sagt, er _____ exmatrikuliert.

❷ Nach den Angaben der Grafik sind viele Studenten nach ihrem Studium arbeitslos.

➡ Nach den Angaben der Grafik _____ viele Studenten nach ihrem Studium arbeitslos.

2 직설법의 문장을 간접 화법의 문장으로 바꾸세요. 🎧 MP3 023

❶ Die Sekretärin des Studentenwerks sagte, 'ausländische Studierende aus Nicht-EU Ländern müssen Studiengebühren bezahlen.'

➡ _____

❷ Meine russische Freundin hat mir gesagt, 'ich vermisse meine Familie sehr.'

➡ _____

❸ Der Dozent sagte, 'die letzte Lehrveranstaltung wird ausfallen.'

➡ _____

3 접속법 1식을 사용하여 독일어 문장을 완성하세요. 🎧 MP3 024

❶ Minho는 독일에서의 학업이 쉽지 않다고 말했다.

➡ _____

❷ 그 학장(der Dekan)은 외국인 학생 수가 제한된다고 알렸다.

➡ _____

❸ Uni Assist에 의하면 독일은 여전히 한국 대학생들에게 인기가 있다고 한다.

➡ _____

연습문제 정답 **1** ❶ werde ❷ seien **2** ❶ Die Sekretärin des Studentenwerks sagte, ausländische Studierende aus Nicht-EU Ländern müssten Studiengebühren bezahlen. ❷ Meine russische Freundin hat mir gesagt, sie vermisse ihre Familie sehr. ❸ Der Dozent sagte, die letzte Lehrveranstaltung werde ausfallen. **3** ❶ Minho sagte, dass das Studium in Deutschland nicht leicht sei. ❷ Der Dekan teilte mit, dass die Zahl der ausländischen Studenten beschränkt werde. ❸ Laut Uni Assist sei Deutschland immer noch bei koreanischen Studenten beliebt.

화법조동사의 현재완료형
Modalverben im Perfekt

화법조동사는 과거의 일을 말할 때 주로 과거형(Präteritum)을 사용합니다. 하지만 경우에 따라 현재완료형을 통해 과거의 일을 말할 때가 있습니다. 이 장에서는 화법조동사의 현재완료형과 그 의미를 알아보고, 화법조동사적 용법으로 사용되는 다른 동사들의 현재완료형에 대해서도 알아봅니다.

화법조동사의 과거분사

동사 원형	dürfen	können	mögen	müssen	sollen	wollen
과거분사	gedurft	gekonnt	gemocht	gemusst	gesollt	gewollt

화법조동사의 현재완료형

형식		예문
현재완료형 (일반 동사적 용법)	haben + 과거분사	현재형: Ich will ein neues Auto. 나는 새 차 한 대를 원한다. ➡ 현재완료형: Ich habe ein neues Auto gewollt. 나는 새 차 한 대를 원했다. (그러나 과거형 형태로 과거를 주로 표현함: Ich wollte ein neues Auto.)
현재완료형 (화법조동사적 용법)	haben + 동사 원형 + 화법조동사의 동사 원형	Ich habe mein Auto hier parken dürfen. 나는 내 차를 여기 주차해도 됐었다. Ich habe mein Auto hier parken können. 나는 내 차를 여기 주차할 수 있었다. Ich habe mein Auto hier parken müssen. 나는 내 차를 여기 주차해야만 했다. Ich habe mein Auto hier parken sollen. 나는 내 차를 여기 주차해야만 했다. Ich habe mein Auto hier parken wollen. 나는 내 차를 여기 주차하려고 했다.
과거완료형 (화법조동사적 용법)	hatten + 동사 원형 + 화법조동사의 동사 원형	Ich hatte mein Auto hier parken können. 나는 내 차를 여기 주차할 수 있었다.

- 화법조동사가 문장 안에서 단독으로 사용될 경우, 즉 일반 동사적 용법으로 사용되었을 때, haben 동사와 화법조동사의 과거분사의 결합으로 현재완료형을 표현합니다. 실제 문장에서 잘 사용되지는 않습니다.

- 화법조동사가 다른 일반 동사와 함께 사용될 경우에 현재완료형에서 화법조동사의 동사 원형이 사용됩니다.

  주의 부문장에 사용될 경우에 haben은 부문장의 마지막이 아닌 두 동사 원형의 앞에 옵니다.

  예 Ich habe nicht gewusst, dass ich mein Auto hier habe parken dürfen.
  나는 내가 내 차를 여기 주차해도 되는지 몰랐다.

- 과거완료형(Plusquamperfekt)을 표현하기 위해서는 haben의 과거형인 hatten과 화법조동사의 동사 원형 형태가 사용됩니다.

화법조동사적 용법으로 쓰이는 동사들의 현재완료형

동사	예문
lassen	Ich habe ihn mein Auto hier parken lassen. 나는 그가 내 차를 여기에 주차하도록 했다.
sehen	Ich habe ihn sein Auto hier parken sehen. 나는 그가 그의 차를 여기에 주차하는 것을 봤다.
hören	Ich habe ihn sein Auto hier parken hören. 나는 그가 그의 차를 여기에 주차하는 것을 들었다.
helfen	Ich habe ihm sein Auto hier parken helfen/geholfen. 나는 그가 그의 차를 여기에 주차하는 것을 도왔다.
brauchen nicht zu	Ich habe mein Auto hier nicht zu parken brauchen. 나는 내 차를 여기에 주차할 필요가 없었다.

- 화법조동사와 마찬가지로 화법조동사적 용법으로 쓰인 위 동사들도 현재완료형에서 동사 원형 형태로 사용됩니다.

- 단, helfen은 예문에서와 같이 동사 원형과 과거분사 형태 모두 사용 가능합니다.

- brauchen은 zu 부정형 구문과 결합해 표현하는 특징이 있는 동사입니다.

- gehen, fahren, lernen 등은 현재완료형에서 과거분사의 형태가 사용됩니다.
  - 예 Ich bin schlafen gehen. (X) ➡ Ich bin schlafen gegangen. (O) 나는 자러 갔다.

연습문제 ÜBUNGEN

1 다음 문장의 시제를 현재완료로 바꾸세요.　　　　　　🎧 MP3 025

❶ Als Austauschstudent darf ich alle Bibliotheken der Uni Leipzig benutzen.

➡ _____

❷ Ausländische Studierende können Bafög nicht erhalten.

➡ _____

❸ Ausländer müssen eine Kopie der Meldebescheinigung bei sich haben.

➡ _____

❹ Ich soll die fehlenden Unterlagen bei der Ausländerbehörde nachreichen.

➡ _____

❺ Meine Schwester will für ihren Master in den USA studieren.

➡ _____

> 📝작문 비자 연장을 위해 나는 재정 보증서(Verpflichtungserklärung)를 제출해야만 했다.
> _____

연습문제 정답　　**1** ❶ Als Austauschstudent habe ich alle Bibliotheken der Uni Leipzig benutzen dürfen. ❷ Ausländische Studierende haben Bafög nicht erhalten können. ❸ Ausländer haben eine Kopie der Meldebescheinigung bei sich haben müssen. ❹ Ich habe die fehlenden Unterlagen bei der Ausländerbehörde nachreichen sollen. ❺ Meine Schwester hat für ihren Master in den USA studieren wollen. 작문 Zur Visumsverlängerung habe ich eine Verpflichtungserklärung abgeben müssen.

müssen, sollen의 활용
Gebrauch von Modelverben müssen und sollen

müssen과 sollen은 '해야 한다'라는 공통적 의미 이외에도 다양한 의미로 사용됩니다. 강한 확신을 나타낼 때 müssen을 사용할 수 있고, 간접 화법 또는 규범을 나타낼 때 sollen이 사용될 수 있습니다. 특히 부정어인 nicht 와 함께 사용될 때 의미 차이를 보입니다.

화법조동사 müssen의 활용

표현	의미	예문
매우 강한 확신의 표현	'~을 해야 한다'라는 당위적 의미 외에도 강한 확신을 나타내는 경우에 사용될 수 있습니다.	Der Arzt muss dem Patienten ein falsches Rezept ausgestellt haben. 그 의사가 그 환자에게 잘못된 처방전을 발행한 것이 틀림없다.
어느 정도 강한 확신의 표현	접속법 2식이 사용될 경우 müssen 보다 조금 약하지만 여전히 강한 확신을 나타냅니다.	Der Arzt müsste dem Patienten ein falsches Rezept ausgestellt haben. 그 의사가 그 환자에게 잘못된 처방전을 발행한 것이 거의 확실하다.

* 확신의 정도에 따른 차이를 화법조동사로 표현하는 방법에 대해서는 21장에서 자세히 다룹니다.

화법조동사 sollen의 활용

표현	의미	예문
제3자의 권고	müssen과 공통적으로 '~을 해야 한다'라는 당위적 의미를 지니고 있지만, 그 내용이 제3자에 의한 권고 내지는 요구일 경우 sollen이 사용됩니다.	Ich denke, ich muss mich erholen und Stress abbauen. 나는 휴식을 취하고 스트레스를 줄여야 한다고 생각한다. Meine Frau sagt mir, dass ich mich erholen und Stress abbauen soll. 나의 아내는 내가 휴식을 취하고 스트레스를 줄여야 한다고 말한다.
규범적 표현	종교적 또는 사회적 규범을 나타낼 때에도 sollen이 사용됩니다.	Du sollst nicht begehren, was deinem Mitmenschen gehört. 네 이웃의 소유를 탐내지 말라.
간접 화법의 표현	sollen은 간접 화법을 표현하는 데에 사용될 수 있습니다.	Der Mediziner sagte, dass das Antibiotikum die bakterielle Infektion bekämpfen soll. 그 의사는 항생제가 세균(박테리아)성 감염을 퇴치한다고 말했다.

부정어에 따른 의미 차이

표현	의미	예문
müssen nicht + 동사 원형	필요가 없다/해야만 하는 것은 아니다 (= brauchen nicht + zu 부정형)	Ultraschalluntersuchungen müssen nicht bei jedem Arztbesuch durchgeführt werden. 초음파 검사는 의사를 방문할 때마다 할 필요는 없다.
sollen nicht + 동사 원형	하지 말아야 한다. 하면 안 된다 (= dürfen nicht)	Schwangere Frauen sollen nicht rauchen und keinen Alkohol trinken. 임산부는 흡연을 하거나 술을 마시지 말아야 한다.

• 문장이 부정어와 함께 쓰이는 경우 müssen과 sollen의 의미는 달라집니다.

연습문제 ÜBUNGEN

1 다음 문장을 한국어로 해석하세요.

Das muss eine Entzündung sein. Das ist gerötet und geschwollen.

➡ _____

📍작문 그는 좋은 치과 의사임에 틀림없어. 그의 치료는 통증 없이 진행되거든(verlaufen).

_____

2 다음 문장을 독일어로 작문하세요. 🎧 MP3 026

❶ 전신마취(Vollnarkose) 전에 환자는 동의서(Einverständniserklärung)에 서명해야 한다.

➡ _____

❷ 담당 의사의 지시(Anweisung)에 따르면 나는 군것질(Süßigkeiten)을 끊어야 한다.

➡ _____

3 다음 문장을 müssen 또는 sollen을 사용하여 완성하세요. 🎧 MP3 027

❶ Vor der Operation eines Kindes ist eine Unterschrift seiner Eltern notwendig.

➡ _____

❷ Ich brauche das Medikament nicht bei jeder Mahlzeit einzunehmen.

➡ _____

❸ Mein Arzt verlangt, dass ich verschiedene Medikamente nicht gleichzeitig einnehme.

➡ _____

❹ Die Presse teilte mit, dass Naturheilkunde bei deutschen Ärzten ein gutes Ansehen hat.

➡ _____

❺ Man _____ den Tag nicht vor dem Abend loben.

❻ Gott sagt: "Du _____ nicht stehlen."

📍작문 생명이 위급한(lebensbedrohlich) 응급 상황에는 병원 예약을 할 필요가 없다.

_____

연습문제 정답 **1** 그거 염증임에 틀림없어. 빨갛고 부었네. 작문 Er muss ein guter Zahnarzt sein. Seine Behandlung verläuft ohne Schmerzen. **2** ❶ Vor einer Vollnarkose muss ein Patient die Einverständniserklärung unterschreiben. ❷ Nach der Anweisung meines Arztes soll ich auf Süßigkeiten verzichten. **3** ❶ Vor der Operation eines Kindes müssen seine Eltern unterschreiben. ❷ Ich muss das Medikament nicht bei jeder Mahlzeit einnehmen. ❸ Ich soll verschiedene Medikamente nicht gleichzeitig einnehmen. ❹ Naturheilkunde soll bei deutschen Ärzten ein gutes Ansehen haben. ❺ soll ❻ sollst 작문 Bei lebensbedrohlichen Notfällen muss man keinen Arzttermin vereinbaren.

20 유사화법조동사
Modalverbähnliche Verben

유사화법조동사는 화법조동사와 마찬가지로 같은 문장 안에서 다른 동사의 동사 원형과 함께 사용되거나 zu 부정형과 함께 사용되는 동사를 말합니다.

유사화법조동사 (동사 원형과 결합)

표현	의미	예문
gehen, fahren, kommen + 동사 원형	~하러 가다 / ~하러 오다	Ich gehe jetzt schlafen. 나는 지금 자러 간다. Meine Eltern fahren heute ihr Visum beantragen. 우리 부모님은 오늘 비자를 신청하러 가신다.
lernen + 동사 원형	~는 것을 배우다 / 연습하다	Ab nächster Woche lerne ich schwimmen. 다음 주부터 나는 수영을 배운다. An der Volkshochschule lerne ich asiatische Spezialitäten kochen. 시민 학교에서 나는 아시아 음식을 요리하는 법을 배운다.
bleiben + 동사 원형	~채로 (머물러) 있다	In meinem Yoga-Kurs bleiben die Teilnehmer eine Stunde lang auf dem Boden sitzen. 내 요가반에서 수강생들은 한 시간 동안 바닥에 앉아 있다. Vor Angst blieb das Kind einen Moment einfach stehen. 두려움에 그 아이는 잠시 그냥 선 채로 머물러 있었다. Ich bin die ganze Woche im Bett liegen geblieben. 나는 일주일 내내 침대에 누워 있었다.

- 현재완료형으로 표현하는 경우 해당 동사를 과거분사로 표현해야 합니다.
  - **예** Er geht jetzt schlafen. 그는 지금 자러 간다. ➡ Er ist schon schlafen gegangen. 그는 이미 자러 갔다.

유사화법조동사 (zu 부정형과 결합)

표현	의미	예문
aufhören + zu 부정형	~을 그만두다	Mein Vater hat endlich aufgehört zu rauchen. 우리 아버지는 마침내 담배를 끊었다.
nicht brauchen + zu 부정형	~할 필요가 없다	Man braucht nicht nach Italien zu gehen, um eine perfekte Pizza zu bekommen. 맛있는 피자를 먹기 위해 이탈리아에 갈 필요는 없다.
scheinen + zu 부정형	~처럼 보이다	Der Beamte scheint meine Unterlagen verloren zu haben. 그 공무원이 내 자료들을 잃어버린 것 같다.

- 'nicht brauchen zu 부정형' 구문 외에는, 이 동사들도 마찬가지로 현재완료형으로 표현할 때 해당 동사를 과거분사로 표현해야 합니다.

연습문제 ÜBUNGEN

1 다음의 단어들을 사용하여 문장을 완성하세요.

❶ gehen: sich anmelden / beim Einwohnermeldeamt

➡ Ich _____

❷ fahren: den Sonnenuntergang / anschauen

➡ Meine Familie _____

> ✒ 작문 내 여동생은 주말에 케이크 만드는 것을 배운다.
>
> _____ .

2 다음 단어들 중 문장에 알맞은 단어를 선택하여 넣으세요. 🎧 ▶ **MP3** 028

liegen bleiben / sitzen bleiben / stehen bleiben

❶ Bei schweren Erkrankungen _____ die Patienten lange im Krankenhaus _____ .

❷ Die Nachbarn _____ hilflos vor dem brennenden Haus _____ .

❸ Bei einem klassischen Konzert muss das Publikum ruhig _____ _____ .

> ✒ 작문 대부분의 한국 사람들은 비교적 오래 바닥에 앉아 있을 수 있다.
>
> _____

3 빈칸에 알맞은 동사를 넣으세요. 🎧 ▶ **MP3** 029

scheinen / brauchen / aufhören

❶ Ein Mensch mit Glücksspielsucht kann nicht _____ zu spielen.

❷ Studierende in Deutschland _____ für ihr Studium nicht zu bezahlen.

❸ Die zwei Kinder _____ nach der Geburt verwechselt worden zu sein.

> ✒ 작문 우리 아기는 목욕할 때 소리 지르는 것을 멈추지 않는다.
>
> _____

연습문제 정답　**1** ❶ gehe mich beim Einwohnermeldeamt anmelden. ❷ fährt den Sonnenuntergang anschauen. 작문 Meine jüngere Schwester lernt am Wochenende Kuchen backen.　**2** ❶ bleiben, liegen ❷ bleiben, stehen ❸ sitzen, bleiben 작문 Die meisten Koreaner können relativ lange auf dem Boden sitzen bleiben.　**3** ❶ aufhören ❷ brauchen ❸ scheinen 작문 Beim Baden hört mein Baby nicht auf zu schreien.

주관적 의미의 화법조동사
Subjektiver Gebrauch von Modalverben

화법조동사는 문장 내용에 대한 발화자의 확신이 어느 정도인지를 나타내는 데 사용될 수 있습니다. 이를 화법조동사의 주관적 의미(subjektiver Gebrauch)라고 합니다.

확신의 정도를 표현하는 화법조동사

화법조동사	확신의 정도		예문
müssen können nicht	ganz sicher zweifellos sicher nicht	90% 이상	Der Zeuge muss den Verdächtigen kennen. 그 목격자는 그 용의자를 알고 있음에 틀림없다. Der Zeuge kann den Verdächtigen nicht kennen. 그 목격자는 그 용의자를 알 수가 없다.
müssten	fast sicher	80% 이상	Der Zeuge müsste den Verdächtigen kennen. 그 목격자는 그 용의자를 알고 있는 것이 거의 확실하다.
dürften	wahrscheinlich	70% 이상	Der Zeuge dürfte den Verdächtigen kennen. 그 목격자는 그 용의자를 알고 있을 것으로 추정된다.
können könnten	vielleicht	50%	Der Zeuge kann den Verdächtigen kennen. 그 목격자는 그 용의자를 알 수도 있다. Der Zeuge könnte den Verdächtigen kennen. 그 목격자는 그 용의자를 알 수도 있을 것이다.
mögen	möglicherweise	50% 이하	Der Zeuge mag den Verdächtigen kennen. 그 목격자는 그 용의자를 알지도 모른다.

• 화법조동사의 현재형과 접속법 2식을 적절히 활용하여 발화자의 확신의 정도를 다양하게 표현할 수 있습니다.

sollen과 wollen의 구분

화법조동사	주장의 주체	예문
sollen	제3자에 의한 주장	Der Junge soll der Täter vom Banküberfall sein. 그 소년이 은행 강도의 범인이라고 한다. ➡ Man sagt, dass der Junge der Täter vom Banküberfall ist. 사람들은 그 소년이 은행 강도의 범인이라고 말한다.
wollen	행위자 스스로의 주장	Der Junge will der Täter vom Banküberfall sein. 그 소년이 은행 강도의 범인이라고 한다. ➡ Der Junge sagt, dass er der Täter vom Banküberfall ist. 그 소년은 자신이 은행 강도의 범인이라고 말한다.

• 두 화법조동사는 제3자의 주장을 간접적으로 전달하는 데에 사용될 수 있고, 간접 화법처럼 '~라고 하다'로 해석할 수도 있습니다.

간접 화법을 나타낼 때 화법조동사의 현재완료형 차이

화법조동사	의미	예문
sollen	당위적 의미	Die Polizei hat den mutmaßlichen Serien-Brandstifter festnehmen sollen. 경찰은 그 추정되는 연쇄 방화범을 체포해야만 했다.
	간접 화법	Die Polizei soll den mutmaßlichen Serien-Brandstifter festgenommen haben. 경찰이 그 추정되는 연쇄 방화범을 체포했다고 한다.

| wollen | 의지적 의미 | Die Polizei hat den mutmaßlichen Serien-Brandstifter festnehmen wollen. 경찰은 그 추정되는 연쇄 방화범을 체포하려고 했다. |
| | 간접 화법 | Die Polizei will den mutmaßlichen Serien-Brandstifter festgenommen haben. 경찰은 그 추정되는 연쇄 방화범을 체포했다고 스스로 말한다. |

• 당위적, 의지적 의미로 사용될 경우와 주관적 의미로 사용될 경우에 현재완료형 문장의 구조가 달라집니다.

연습문제 ÜBUNGEN

1 주관적 확신을 나타내는 동사를 사용하여 같은 의미의 문장을 완성하세요.　🎧 MP3 030

müssten / dürften / mögen

❶ Der Gefangene sitzt wahrscheinlich länger als 10 Jahre im Gefängnis.

➡ _____

❷ Möglicherweise kennt der Zeuge den Täter.

➡ _____

❸ Es ist mir fast sicher, dass der Polizist vor Gericht nicht lügt.

➡ _____

> 📍작문 그 증인(Der Zeuge)은 그 진실을 말할 수 없다.
> _____

2 sollen과 wollen 중 알맞은 화법조동사를 넣어 같은 의미의 문장을 만드세요.　🎧 MP3 031

❶ Die Nachricht berichtet, dass vielen Chefs großer Konzerne Bestechung vorgeworfen wird.

➡ _____

❷ Einige der Chefs sagen, dass sie ihre Taten bereuen.

➡ _____

❸ Man sagt, dass die Konzerne ohne ihre Chefs handlungsunfähig sind.

➡ _____

> 📍작문 보도(Pressemitteilung)에 의하면 그 은행이 백만 유로의 벌금을 낸다고 한다.
> _____

연습문제 정답　**1** ❶ Der Gefangene dürfte länger als 10 Jahre im Gefängnis sitzen. ❷ Der Zeuge mag den Täter kennen. ❸ Der Polizist müsste vor Gericht nicht lügen. 작문 Der Zeuge kann nicht die Wahrheit sagen.　**2** ❶ Vielen Chefs großer Konzerne soll Bestechung vorgeworfen werden. ❷ Einige der Chefs wollen ihre Taten bereuen. ❸ Die Konzerne sollen ohne ihre Chefs handlungsunfähig sein. 작문 Laut Pressemitteilung soll die Bank eine Million Euro Strafe zahlen.

22 대명사
Pronomen

대명사 중 derjenige, derselbe, einer, keiner, meiner를 배웁니다. 특히 derjenige와 derselbe는 대명사이면서 동시에 관사로 사용될 수 있습니다.

derjenige의 형태와 의미

	남성	여성	중성	복수
1격 (Nominativ)	derjenige	diejenige	dasjenige	diejenigen
2격 (Genitiv)	desjenigen	derjenigen	desjenigen	derjenigen
3격 (Dativ)	demjenigen	derjenigen	demjenigen	denjenigen
4격 (Akkusativ)	denjenigen	diejenige	dasjenige	diejenigen

- derjenige는 정관사와 jenige의 결합으로 구성되며 정관사에 따른 형용사 어미변화를 합니다(정관사+jenige+어미). 지시관사로 사용되어 명사를 수식하거나 명사 없이 지시대명사로 쓰이는데, 이때 수식하거나 지시하는 대상을 이어지는 관계문을 통해 더 구체적으로 표현하게 됩니다.

  예 지시관사: In dem Antiquariat verkauft man diejenigen Bücher, die alt und wertvoll sind.
  고서점에는 오래되고 가치 있는 그런 책들을 판매한다.

  지시대명사: Derjenige (Mann), der zuerst vergibt, ist der Stärkste.
  먼저 용서하는 사람이 가장 강한 사람이다.

derselbe의 형태와 의미

	남성	여성	중성	복수
1격 (Nominativ)	derselbe	dieselbe	dasselbe	dieselben
2격 (Genitiv)	desselben	derselben	desselben	derselben
3격 (Dativ)	demselben	derselben	demselben	denselben
4격 (Akkusativ)	denselben	dieselbe	dasselbe	dieselben

- derselbe 역시 정관사와 selbe의 결합으로 구성하여 정관사에 따른 형용사 어미변화를 합니다(정관사+selbe+어미). 수식하는 단어에 대한 동질의 의미를 나타내는데, derjenige와 달리 관계절을 수반하지 않아도 됩니다.

  예 Ich mache immer denselben Fehler. = Ich mache immer den gleichen Fehler.
  나는 항상 같은 실수를 한다.

  Es ist derselbe Kunde, der sich schon mehrmals bei mir beschwert hat.
  이분은 이미 여러 번 나에게 불만을 얘기했던 같은 고객이다.

einer, keiner, meiner의 형태와 의미

	남성	여성	중성	복수
1격 (Nominativ)	einer keiner meiner	eine keine meine	ein(e)s kein(e)s mein(e)s	welche keine meine
3격 (Dativ)	einem keinem meinem	einer keiner meiner	einem keinem meinem	welchen keinen meinen
4격 (Akkusativ)	einen keinen meinen	eine keine meine	ein(e)s kein(e)s mein(e)s	welche keine meine

- 명사를 생략하여 대명사로 사용된 부정대명사 einer와 keiner, 그리고 소유대명사 meiner, deiner 등은 이미 맥락에서 언급된 명사를 대신하는 대명사로 역할을 대신하게 됩니다. 이때 어미변화는 정관사의 어미변화를 따르므로 이에 유의해야 합니다.

- 2격은 쓰지 않습니다.

- 부정관사 ein의 복수는 없으므로 부정대명사 einer의 복수에서는 welche를 대신하여 사용합니다.
  - 예 Berlin ist eine der attraktivsten Städte der Welt. 베를린은 세계에서 가장 매력적인 도시들 중 하나이다.
    Keiner meiner Verwandten konnte mich zum Heiraten überreden.
    나의 친척 중 누구도 나를 결혼하도록 설득할 수 없었다.
    Ist das dein Ausweis? - Ja, das ist meiner. 이거 네 신분증이니? －응, 그거 내 거야.

1 derjenige-, diejenige-, dasjenige-, diejenigen 중 알맞은 단어를 격에 맞게 넣으세요. 🎧MP3 032

❶ Er ist _____, der mich belogen hat.

❷ Nach Gesetz ist die Mutter eines Kindes _____ Frau, die das Kind geboren hat.

❸ Spielregeln: _____ Kind, das zuletzt gefangen wird, gewinnt das Spiel.

❹ Nach Deutschland kommen _____, die vor Krieg und Folter fliehen.

❺ Europa ist das beste Reiseziel für _____, die im Sommer ihren Urlaub machen.

> ✒ 작문 그 자동차 사고에서 부상당한 사람들은 한 병원으로 옮겨졌다.
> _____

2 주어진 단어를 격에 알맞게 넣으세요. 🎧MP3 033

derselbe- / dieselbe- / dasselbe- / dieselben

❶ Die zwei Brände wurden von _____ Täter gelegt.

❷ Mein Freund kauft Schokoladen immer von _____ Marke.

❸ Meine Eltern bestellen im Restaurant _____ Gericht wie immer.

❹ An der Uni Leipzig studierte ich BWL(Betriebswissenschaftslehre) und Philosophie, und wechselte später mit _____ Fächern an die Uni Mainz.

❺ Ticketbuchung kann online _____ kosten wie im Reisebüro.

> ✒ 작문 나의 아버지는 10년 째 같은 자동차를 타신다.
> _____

3 빈칸에 알맞은 대명사(ein-, kein-, welch-)를 어미변화에 맞게 넣으세요. 🎧MP3 034

❶ Sue ist _____ der schönsten Schauspielerinnen in Südkorea.

❷ Ich wollte ein Zugticket von Leipzig nach Frankfurt bestellen, aber es war _____ mehr übrig.

❸ Für die Party brauche ich keine Getränke mehr zu kaufen, da ich noch _____ zu Hause habe.

❹ _____ meiner Freunde ist in der Lage, mir Geld zu leihen.

❺ Zu Jahresbeginn habe ich viele Pläne gemacht, aber _____ davon habe ich erfüllt.

> ✒ 작문 멕시코 시티(Mexico-Stadt)는 세계에서 가장 큰 도시 중의 하나이다.
> _____

연습문제 정답 **1** ❶ derjenige ❷ diejenige ❸ Dasjenige ❹ diejenigen ❺ diejenigen 작문 Diejenigen, die beim Autounfall verletzt wurden, sind in ein Krankenhaus gebracht worden. **2** ❶ demselben ❷ derselben ❸ dasselbe ❹ denselben ❺ dasselbe 작문 Mein Vater fährt seit zehn Jahren dasselbe Auto. **3** ❶ eine ❷ kein(e)s ❸ welche ❹ Keiner ❺ keinen 작문 Mexiko-Stadt ist eine der größten Städte der Welt.

23 부가어의 종류와 기능
Art und Funktion von Attributen

부가어란 명사를 수식하는 단어, 구문, 문장을 말합니다. 이 장에서는 부가어의 종류와 명사를 수식하는 위치에 대해서 간단히 알아봅니다.

부가어의 종류와 기능

• **부가어의 기능** : 부가어는 명사를 수식하는 부가적인 구문으로 수식하는 대상을 명확히 규정할 때 사용됩니다. 부가어는 명사구에 속해 있는 요소이므로, 수식을 받는 명사와 분리되어 사용될 수 없습니다.

> 예 Mein Freund spricht aus Italien kein Deutsch.(X) ➡ Mein Freund aus Italien spricht kein Deutsch.(O)
> 이탈리아에서 온 내 친구는 독일어를 할 줄 모른다.

• **부가어의 종류** : 대표적인 부가어로는 소유격으로 사용되는 2격을 비롯해, 형용사, 분사 구문, 전치사구, 부사, 관계문, dass 부문장, zu 부정형 구문, 간접의문문, 동격 등이 있습니다. 이러한 부가어는 수식을 하는 명사와의 위치 관계에 따라 크게 전치부가어와 후치부가어로 나뉩니다.

후치부가어(Nachgestellte Attribute)

종류	예문
2격	Morgen findet die Trauerfeier meiner Oma auf dem Friedhof statt. 내일 우리 할머니의 장례식이 묘지에서 열린다.
전치사구	Meinen letzten Familienurlaub in Spanien werde ich nicht vergessen. 최근 스페인에서 보낸 가족 여행을 나는 잊지 않을 것이다.
부사	Das Wetter heute wird wolkig und neblig. 오늘 날씨는 구름과 안개가 낄 것이다.
동격	Berlin, meine Heimatstadt, hat verschiedene Gesichter. 나의 고향 도시인 베를린은 다양한 면모를 지니고 있다.
dass 부문장	Koreaner haben die Hoffnung, dass der Warenpreis in Korea wieder sinken wird. 한국 사람들은 한국의 물가가 다시 하락할 것이라는 희망을 가지고 있다.
zu 부정형 구문	Der Traum, mit meiner Familie eine Weltreise zu machen, wurde erfüllt. 나의 가족과 세계 여행을 하는 꿈이 이루어졌다.
간접의문문	Auf die Frage, warum ich nach Deutschland ziehe, kann ich nicht leicht antworten. 내가 왜 독일로 이주하는지에 대한 질문에 나는 쉽게 대답할 수가 없다.
관계문	Die Informationen im Reiseführer, den ich habe, sind schon veraltet. 내가 가지고 있는 여행 책자에 나온 정보들은 이미 오래됐다.

전치부가어(Vorangestellte Attribute)

종류	예문
2격	Gestern war Peters <u>Schulanfang</u>. 어제가 Peter의 입학 날이었다.
형용사	In Griechenland hatten wir eine traumhafte <u>Hochzeitsreise</u>. 그리스에서 우리는 꿈 같은 허니문을 보냈다.
분사 1식	Mit Leuten aus verschiedenen Kulturen war es eine spannende <u>Grillparty</u>. 그것은 다양한 문화권에서 온 사람들과 함께한 즐거운 그릴 파티였다.
분사 2식	Keiner der eingeladenen <u>Gäste</u> ist zu meiner Hochzeit gekommen. 초대받은 손님들 중 누구도 나의 결혼식에 오지 않았다.
확장된 부가어	Der gerade von mir unterschriebene <u>Vertrag</u> ist nur für zwei Jahre gültig. 방금 내가 서명한 이 계약은 2년 동안만 유효하다.

여러 부가어의 사용(Mehrgliedrige Attribute)

• 하나의 명사구 안에 다른 종류의 부가어들이 동시에 사용될 수 있습니다. 이때 부가어들 간의 수식 관계를 정확히 파악하는 것이 중요합니다.

예 Die <u>traurige</u> Erinnerung <u>der Koreaner</u> <u>an den Korea Krieg</u>, <u>der im Juni 1950 ausbrach</u>, besteht weiter.

　　(형용사)　　　　　　(2격)　　　　(전치사구)　　　　　(관계문)

1950년 6월에 발발한 한국전쟁에 대한 한국인들의 슬픈 기억은 여전히 남아 있다.

연습문제 ÜBUNGEN

1 밑줄 친 명사를 수식하는 부가어를 찾아 밑줄을 긋고 그 성분을 괄호 안에 적으세요.

> 분사 / 2격 / 형용사 / 동격 / zu 부정형 구문 / 부사 / dass 부문장 / 관계문 / 간접의문문 / 전치사구

❶ <u>Die Einwohnerzahl</u> Südkoreas beträgt etwa 40 Millionen. (＿＿＿＿＿)

❷ Jeju ist eine vielfältige <u>Insel</u>. (＿＿＿＿＿)

❸ Aufgrund des steigenden <u>Lebensstandards</u> erhöht sich die Lebenserwartung. (＿＿＿＿＿)

❹ <u>Die Reise</u> nach Korea ist mein Traum. (＿＿＿＿＿)

❺ <u>Leute</u> dort sind sehr freundlich und sympathisch. (＿＿＿＿＿)

❻ Busan ist <u>eine Hafenstadt</u>, die ausländische Touristen gerne besuchen. (＿＿＿＿＿)

❼ Ich wählte ihre Nummer in der <u>Erwartung</u>, dass sie aus Korea zurück war. (＿＿＿＿＿)

❽ Meine Freunde stellen mir oft <u>die Frage</u>, ob ich aus Nord- oder Südkorea komme. (＿＿＿＿＿)

❾ Mein <u>Wunsch</u>, nach Korea zu gehen, ist kaum erfüllbar. (＿＿＿＿＿)

❿ <u>Song Kangho</u>, die Hauptfigur des Films, hat viele Fans in Europa. (＿＿＿＿＿)

2 주어진 각 부가어를 사용하여 다음 문장을 독일어 문장으로 작문하세요.　🎧 **MP3** 035

❶ 서울은 한국의 수도이다.

　➡ 2격: _____

❷ 한복(Hanbok)은 전통적인 의복이다.

　➡ 형용사: _____

❸ 한국은 분단 국가이다.

　➡ 분사: _____

❹ 북한으로의 여행은 불가능하다.

　➡ 전치사구: _____

❺ 그곳의 숙소(die Unterkunft)는 그렇게 비싸지 않다.

　➡ 부사: _____

❻ 경주(Gyeongju)는 독일 관광객들에게 사랑받는 도시이다.

　➡ 관계문: _____

❼ 지금까지 나는 한국에 갈 기회가 없었다.

　➡ zu 부정형 구문: _____

❽ 가장 높은 산인 백두산(Baekdusan)은 북한에 있다.

　➡ 동격: _____

24 후치부가어: 2격
Genitivattribute

2격 후치부가어는 기본적으로 2격 관사와 명사로 구성되며, 자신의 격을 이용하여 앞의 명사를 꾸며주는 역할을 합니다. 또한 2격을 대신해 다양한 방법으로 명사를 수식하는 방법이 있습니다.

2격 후치부가어의 구조

구조	의미	예문
명사 + 2격 후치부가어	2격의 의미를 가진 부가어가 앞에 위치한 명사의 의미 수식	Südkorea wurde 1991 Mitgliedstaat der Vereinten Nationen. 한국은 1991년에 유엔 회원국이 되었다.

- 남성 명사와 중성 명사가 관사 없이 2격 후치부가어로 사용되는 경우, 무관사에 따른 형용사 어미변화에 따라 해당 후치부가어의 형용사 어미가 -en으로 변화합니다.
  - 예 Das Wachstum koreanischen Außenhandels verläuft seit Jahren negativ.
    한국의 해외 무역의 성장은 지난 몇 년간 둔화되고 있다.

2격을 대신한 명사 수식 방법

명사 + von 3격	관사가 쓰이지 않은 명사의 경우, 혹은 구어체에서 2격 대신에 von+3격을 사용
	Die Essgewohnheiten von Koreanern sind ganz anders als die der Deutschen. 한국인들의 식습관은 독일인들의 식습관과 매우 다르다.
명사 + 고유명사s	전치부가어로도 사용 가능하며 이 경우 수식을 받는 명사의 관사가 생략
	Taegeukgi ist die Nationalflagge Südkoreas. 태극기는 한국의 국기이다.
	= Taegeukgi ist Südkoreas Nationalflagge.
명사 + von 고유명사	고유명사 역시 von+3격 사용이 가능
	Die Einwohnerzahl Südkoreas betrug im Jahre 2008 etwa 49 Millionen. 한국의 인구는 2008년에 약 4,900만 명이었다.
	= Die Einwohnerzahl von Südkorea betrug im Jahre 2008 etwa 49 Millionen.

여러 2격 부가어의 사용

명사 + 2격 후치부가어 + 2격 후치부가어 + …	여러 2격 후치부가어가 연속해서 같은 명사구 안에서 사용될 수 있음
	Die Einführung der neuen Gesetze der Regierung soll Millionen neuer Jobs schaffen. 정부의 새로운 법안의 도입이 수백만 개의 새로운 일자리를 창출한다고 한다.

연습문제 ÜBUNGEN

1 주어진 단어의 2격을 넣어 빈칸을 완성하세요.

❶ Nach Ablauf der Garantie lohnt sich die Reparatur ______________ nicht.
(ein Smartphone)

❷ Pyeongyang ist die Hauptstadt ______________ und hat etwa 2,5 Millionen Einwohner.
(Nordkorea)

❸ Die Anzahl ______________ in Deutschland wächst immer weiter.
(die koreanischen Studierenden)

❹ Nach dem Ende ______________ war Korea eines ______________ ______________.
(der Kalte Krieg) (die ärmsten Länder) (die Welt)

❺ Der Export ______________ nach Korea ist seit Jahren erfolgreich.
(deutsche Autos)

❻ Die fehlende Informationsfreiheit für die Bevölkerung ______________ wird kritisiert.
(das Land)

❼ Die Nachfrage ______________ nach Kosmetikprodukten ist sehr groß.
(die koreanischen Frauen)

2 다음의 문장을 독일어로 작문하세요.

❶ 서울은 한국의 정치, 경제, 교육 그리고 문화의 중심(지)이다.
➡ ______________

❷ 한국의 경제 발전은 우연의 산물(Produkt des Zufalls)이 아니다.
➡ ______________

❸ 한국인의 약 80%가 인터넷을 사용한다.
➡ ______________

❹ 2010년에 초등학교에서 선생 한 명당 학생의 수는 20명으로 줄어들었다.
➡ ______________

❺ 쌀과 옥수수는 대부분의 한국인들의 주 영양원(Grundnahrungsmittel)이었다.
➡ ______________

연습문제 정답 **1** ❶ eines Smartphones ❷ Nordkoreas ❸ der koreanischen Studierenden ❹ des Kalten Krieges, der ärmsten Länder, der Welt ❺ deutscher Autos ❻ des Landes ❼ der koreanischen Frauen **2** ❶ Seoul ist das Zentrum von Politik, Wirtschaft, Bildung und Kultur Koreas. ❷ Die wirtschaftliche Entwicklung Koreas ist kein Produkt des Zufalls. ❸ Etwa 80% der Koreaner benutzen das Internet. ❹ 2010 wurde die Zahl der Schüler pro Lehrer in den Grundschulen auf 20 reduziert. ❺ Reis und Mais waren das Grundnahrungsmittel der meisten Koreaner.

25 후치부가어: 전치사구 1
Präpositionalattribute 1

전치사구는 명사 뒤에서 해당 명사를 수식하는 부가어로 사용될 수 있습니다. 이때 이 명사의 목적어 기능을 하거나 부사적인 기능을 하게 됩니다.

전치사구 후치부가어의 구조: 명사 + 전치사구

- 전치사구는 명사보다 후치되어 해당 명사를 수식합니다.
  - 예 Die Hoffnung auf die Wiedervereinigung hat sich noch nicht erfüllt.
    통일에 대한 희망은 아직 이루어지지 않았다.

- 하나의 명사구 안에 여러 전치사구가 동시에 사용될 수 있습니다.
  - 예 Ich habe die Hoffnung auf die Reise nach Südkorea nicht aufgegeben.
    나는 한국 여행에 대한 희망을 포기하지 않았다.

전치사구 후치부가어의 기능별 분류

- 부사적 기능: 전치사구는 수식하는 명사의 부사적 역할을 합니다. 여기서 사용된 전치사는 고유의 의미를 보존합니다.
  - 예 Der Flug nach Südkorea 한국으로의 비행

- 목적어의 기능: 수식하는 명사의 목적어 역할을 합니다. 전치사 고유의 의미가 보존되지 않는 경우가 많습니다.
  - 예 Angst vor großen Hunden 큰 개들을 무서워함

- 목적어의 기능을 가진 전치사구 후치부가어에 대해서는 다음 장에서 자세히 살펴봅니다.

전치사구 후치부가어의 특징

명사구		동사구
Der Flug nach Südkorea 한국으로의 비행	➡	In der Nebensaison kann man günstig nach Südkorea fliegen. 비성수기에는 저렴하게 한국으로 비행기를 타고 갈 수 있다.
Protest der koreanischen Studierenden gegen die Studiengebührenerhöhung 등록금 인상에 반대하는 한국 대학생들의 시위	➡	Koreanische Studierende protestieren gegen die Studiengebührenerhöhung. 한국 대학생들은 등록금 인상에 반대하여 시위를 한다.

- 전치사구 후치부가어를 포함한 명사구는 동사구로 변환시킬 수 있습니다.

전치사구 후치부가어의 부사적 기능

부사적 기능	예문
시간	Der Wirtschaftssprung seit den 60er Jahren ist noch immer kaum erklärbar. 60년대 이래의 경제 도약은 아직 거의 설명이 어렵다.
방법/수단	Ausländer ohne Aufenthaltserlaubnis werden in Südkorea stark kontrolliert. 체류 허가증이 없는 외국인들은 한국에서 엄격하게 단속을 받는다.
장소	Mein Urlaub auf der Insel Jeju war fantastisch. 제주도에서 보낸 나의 휴가는 환상적이었다.
수치	Das Flugticket für 500 Euro ist ein Sonderangebot. 500유로 상당의 그 비행기 티켓은 특가 상품이다.

재료	Hanok-Häuser aus Lehm, Holz und Stein sind ein UNESCO-Welterbe.
	흙, 나무 그리고 돌로 이루어진 한옥집은 유네스코 세계 유산이다.

- 문장 안에서 전치사 고유의 의미가 주로 보존됩니다.

연습문제 ÜBUNGEN

1 빈칸에 알맞은 전치사구 부가어를 넣으세요. <audio> MP3 036

> am 38. Breitengrad / aus Sauerkraut / gegen Kinder / für 44 Euro

❶ Die Kriminalitätsstatistik zeigt, Gewalt _____ ist nicht mehr alltäglich und sie nimmt ab.

❷ Mit einem Waffenstillstand _____ endete der Koreakrieg.

❸ Mit dem Quer-durchs-Land-Ticket _____ kann man deutschlandweit reisen.

❹ Kimchi _____ schmeckt ganz anders als das aus Chinakohl.

> 📝 작문 남북한 간의 갈등은 외교적으로 해결되어야 한다.
> _____

2 명사구를 같은 의미의 문장으로 바꾸세요.

❶ Die Hoffnung der koreanischen Bevölkerung auf die Einheit Koreas

➡ _____

❷ Die zweistündige Fahrt von Seoul nach Busan

➡ _____

❸ Meine Vorfreude auf den nächsten Urlaub in Norwegen

➡ _____

❹ Die Teilnahme der Studenten an der Demonstration gegen die Diktatur

➡ _____

> 📝 한국에서 독일까지의 비행은 대략 10시간이 걸린다.
> _____

연습문제 정답 **1** ❶ gegen Kinder ❷ am 38. Breitengrad ❸ für 44 Euro ❹ aus Sauerkraut 작문 Der Konflikt zwischen Nord- und Südkorea muss diplomatisch gelöst werden **2** ❶ Die koreanische Bevölkerung hofft auf die Einheit Koreas. ❷ Die Fahrt von Seoul nach Busan dauert zwei Stunden. ❸ Ich freue mich auf den nächsten Urlaub in Norwegen. ❹ Die Studenten nehmen an der Demonstration gegen die Diktatur teil. 작문 Der Flug von Korea nach Deutschland dauert etwa 10 Stunden.

26 후치부가어: 전치사구 2
Präpositionalattribute 2

전치사구가 후치부가어로 쓰일 때 수식하는 명사의 목적어 기능을 할 수 있습니다. 여기서 사용되는 전치사구의 격은 수식하는 명사에 따라 결정되어 있으므로 명사를 암기할 때 후치부가어 전치사를 격과 함께 기억해두어야 합니다.

3격 전치사구와 결합하는 명사

명사	전치사구
das Angebot, die Änderung, der Anteil, die Arbeit, der Bedarf, die Freude, das Interesse, die Kritik, der Mangel, der Reichtum, die Schuld, die Teilnahme, der Verbrauch, der Vorrat, der Zweifel	an + 3격
die Beschwerde, der Besuch, die Bewerbung, die Entscheidung, die Erkundigung, die Hilfe, die Information	bei + 3격
die Dankbarkeit, das Vorurteil, das Misstrauen, das Verhalten	gegenüber + 3격
der Anfang, die Ähnlichkeit, der Austausch, die Begegnung, die Bekanntschaft, die Beschäftigung, die Diskussion, das Einverständnis, das Gespräch, der Streit, das Treffen, die Unterhaltung, die Verabredung, die Verbindung, der Vergleich, die Versorgung	mit + 3격
die Erkundigung, die Forderung, die Frage, der Geschmack, die Suche, die Unterscheidung, der Wunsch	nach + 3격
die Abhängigkeit, die Befreiung, der Bericht, die Erholung, die Erzählung, das Gespräch, die Rede, die Trennung, die Unterscheidung, die Verabschiedung	von + 3격
die Angst, die Furcht, der Respekt, die Warnung	vor + 3격
der Beitrag, die Bereitschaft, die Eignung, die Einladung, der Entschluss, die Erlaubnis, die Fähigkeit, die Gratulation, die Liebe, die Lust, die Tendenz, das Vertrauen, die Zustimmung	zu + 3격

4격 전치사구와 결합하는 명사

명사	전치사구
die Anpassung, der Appell, die Erinnerung, der Gedanke, die Gewöhnung, der Glaube, die Mitteilung, die Übergabe	an + 4격
der Angriff, die Antwort, der Bezug, die Beschränkung, der Druck, die Freude, der Hinweis, die Hoffnung, die Konzentration, die Lust, der Neid, die Reaktion, das Recht, die Rücksicht, die Spezialisierung, der Verdacht, das Vertrauen, der Verzicht, die Vorbereitung, die Vorfreude, die Wirkung, die Wut	auf + 4격
die Begeisterung, der Dank, die Eignung, das Engagement, die Entscheidung, der Grund, die Hilfe, der Kampf, der Nutzen, der Preis, der Schaden, die Ursache, die Verantwortung, das Verständnis, die Voraussetzung, die Werbung	für + 4격
der Angriff, die Entscheidung, der Kampf, der Krieg, der Protest, der Verdacht	gegen + 4격
die Investition, die Verliebtheit	in + 4격
der Ärger, die Aufregung, der Austausch, der Bericht, die Beschwerde, die Diskussion, die Entscheidung, die Enttäuschung, die Freude, das Gespräch, die Information, die Mitteilung, die Rede, der Sieg, der Streit, der Überblick, die Unterhaltung, das Urteil, die Verhandlung, die Verwunderung, die Wut	über + 4격
die Angst, die Bemühung, die Bewerbung, die Bitte, der Krieg, die Sorge, der Streit	um + 4격

1 빈칸에 알맞은 전치사를 넣으세요. 　　　　　　🎧 ▸ MP3 037

❶ Der Anwalt hatte keinen Zweifel ＿＿＿＿＿ der Richtigkeit der Aussage seines Mandanten.

❷ Gewöhnung ＿＿＿＿＿ eine neue Umgebung braucht manchmal lange Zeit.

❸ Bahnfahrer streikten ohne Rücksicht ＿＿＿＿＿ Verluste und ärgerten die Passagiere.

❹ Beschwerde ＿＿＿＿＿ der Deutschen Post kann online eingereicht werden.

❺ Bis heute weiß man nicht genau, welche Ursachen ＿＿＿＿＿ Erkältungen verantwortlich sind.

❻ Beim Protest ＿＿＿＿＿ Korruption wurden hunderte Demonstranten festgenommen.

❼ Viele Vorurteile ＿＿＿＿＿ Ausländern sind unberechtigt.

❽ Forderungen von Gewerkschaften ＿＿＿＿＿ höherem Lohn werden nur selten sofort akzeptiert.

❾ Bestimmte Informationen ＿＿＿＿＿ Nuklearwaffen wurden von der Nato geheim gehalten.

❿ Bemühungen der Regierung ＿＿＿＿＿ eine diplomatische Lösung des Konflikts sind gescheitert.

⓫ Am 15. August wird in Korea die Befreiung ＿＿＿＿＿ der japanischen Herrschaft gefeiert.

⓬ Bei jungen Familien wird eine zunehmende Tendenz ＿＿＿＿＿ Kinderlosigkeiten beobachtet.

2 다음 문장을 전치사 부가어를 사용하여 독일어로 작문하세요.

❶ 독일 사람들은 정치적인 주제에 큰 관심을 가지고 있다.

　➡ ＿＿＿＿＿＿＿＿＿＿＿＿＿＿＿＿＿＿＿＿＿＿＿

❷ 부모는 그들의 자녀에 대한 책임을 진다.

　➡ ＿＿＿＿＿＿＿＿＿＿＿＿＿＿＿＿＿＿＿＿＿＿＿

❸ 최근 몇 년간 일자리를 둘러싼 한국인들의 두려움은 크게 증가했다(wachsen).

　➡ ＿＿＿＿＿＿＿＿＿＿＿＿＿＿＿＿＿＿＿＿＿＿＿

❹ 각 정당은 정치적 현안들(aktuelle politische Fragen)에 대해 서로 다른 답들을 가지고 있다.

　➡ ＿＿＿＿＿＿＿＿＿＿＿＿＿＿＿＿＿＿＿＿＿＿＿

❺ 한국 부모들은 등록금 폐지(die Abschaffung)에 대한 바람을 가지고 있다.

　➡ ＿＿＿＿＿＿＿＿＿＿＿＿＿＿＿＿＿＿＿＿＿＿＿

연습문제 정답　**1** ❶ an ❷ an ❸ auf ❹ bei ❺ für ❻ gegen ❼ gegenüber ❽ nach ❾ über ❿ um ⓫ von ⓬ zu　**2** ❶ Deutsche haben großes Interesse an politischen Themen. ❷ Eltern tragen Verantwortungen für ihre Kinder. ❸ In den letzten Jahren ist die Angst der Koreaner um den Arbeitsplatz stark gewachsen. ❹ Jede Partei hat unterschiedliche Antworten auf aktuelle politische Fragen. ❺ Koreanische Eltern haben den Wunsch nach der Abschaffung der Studiengebühren.

후치부가어: 부사와 동격
Adverbiale Attribute und Apposition

특정 부사들은 후치부가어로 명사를 수식할 수 있습니다. 명사를 수식하는 대표적인 부사로는 시간 부사와 장소 부사가 있습니다. 또한 명사의 부가적인 특징을 나타내기 위해 동격이 사용됩니다.

부사 후치부가어의 구조

명사 + 부사	명사 바로 뒤에 위치하여 수식하는 명사와 함께 하나의 명사구를 형성합니다.
	Die Insel damals war unbewohnt. 당시 그 섬은 사람이 거주하지 않았다.

부사의 후치부가어 활용

시간	vorgestern, gestern, heute, morgen, übermorgen, damals,…
	<u>Das Konzert</u> gestern war sehr berührend. 어제의 연주는 매우 감동적이었다.
장소	hier, da, dort, draußen, drinnen, drüben, links, rechts, zurück,…
	<u>Das Wetter</u> hier ist immer schön und mild. 여기의 날씨는 항상 좋고 온화하다.

동격 후치부가어의 구조: 명사 + (,) + 동격 + (,)

• 동격은 수식하는 명사의 또 다른 특징을 나타낼 때 사용하며, 명사와 동격은 격을 일치시켜야 합니다.

> 예 Lina macht ihr Auslandssemester <u>in Korea</u>, ihrem Heimatland.
> Lina는 그녀의 고국인 한국에서 그녀의 교환 학기를 한다.

동격 후치부가어의 활용

• 이름, 가족 관계 또는 신분을 나타내는 경우 (콤마 생략)

> 예 <u>Der Professor</u> Schmidt beschäftigt sich mit Koreas Welterbe.
> Schmidt 교수는 한국의 문화유산을 다룬다.
>
> (der Professor = Schmidt)

• 수식을 받는 명사에 대해 보다 자세한 정보를 주고자 하는 경우

> 예 <u>Seoul</u>, die Kulturstadt Koreas, ist ein Anziehungspunkt für europäische Touristen.
> 한국의 문화 도시인 서울은 유럽 관광객들에게 매력적이다.
>
> (Seoul = die Kulturstadt)

> 주의 콤마 규칙에 유의하세요.

연습문제 ÜBUNGEN

🎧 MP3 038

1 빈칸에 알맞은 부사를 넣으세요.

dort / draußen / gestern / links / zurück

❶ Mein Vortrag _____ war gut besucht.

❷ Der Reiseleiter betonte, dass das Wetter _____ immer schön ist.

❸ Auf dem Weg _____ nach Hause bin ich zufällig meinem Exfreund begegnet.

❹ Wenn das Wetter _____ kalt und regnerisch ist, bleibe ich lieber zu Hause.

❺ Das letzte Gebäude _____ ist das Jugendamt, wo man einen Kitaplatz beantragen kann.

> 🖋 작문 ❶ 저기에 있는 아이가 우리 막내 아들이야.
>
> _____
>
> ❷ 내일 수업은 휴강이야(ausfallen).
>
> _____

2 빈칸에 알맞은 단어를 넣으세요.

🎧 MP3 039

der letzte König der Joseon-Dynastie / Kim Yuna / Müller der berühmte Sänger / die Hauptstadt Deutschlands

❶ Die erste koreanische Olympiasiegerin _____ hat 2014 ihre Karriere beendet.

❷ Das Seminar des Professors _____ war lehrreich. Ich habe es mit einem 'sehr gut' bewertet.

❸ Das neue Album meines Freundes, _____, ist ein Meisterwerk.

❹ Meine Geschwister wohnen jetzt in Berlin, _____.

❺ Gojong, _____, starb 1919 im Deoksugung Palast.

> 🖋 작문 ❶ 독일 수상 Angela Merkel은 Leipzig 대학에서 물리학을 전공했다.
>
> _____
>
> ❷ 오늘은 6월 14일 수요일이다.
>
> _____

연습문제 정답 **1** ❶ gestern ❷ dort ❸ zurück ❹ draußen ❺ links 작문 ❶ Das Kind dort ist mein jüngster Sohn. ❷ Der Unterricht morgen fällt aus. **2** ❶ Kim Yuna ❷ Müller ❸ des berühmten Sängers ❹ der Hauptstadt Deutschlands ❺ der letzte König der Joseon-Dynastie 작문 ❶ Bundeskanzlerin Angela Merkel studierte Physik an der Universität Leipzig. ❷ Heute ist Mittwoch, der 14. Juni.

28 후치부가어: dass 부문장, zu 부정형 구문, 간접의문문
Attributsatz 1

꾸밈을 받는 명사에 대한 부연 설명을 나타내는 부가어로서의 dass 부문장, zu 부정형 구문, 간접의문문을 살펴봅니다.

수식 역할을 하는 문장(Attributsatz) 구조

구조	예문
명사 + dass 부문장	Ich habe immer noch <u>den Wunsch</u>, dass meine Eltern nach Südkorea einwandern. 나는 나의 부모님이 한국으로 이주해 오셨으면 하는 바람을 여전히 가지고 있다.
명사 + zu 부정형 구문	<u>Alle seine Versuche</u>, von der Spielsucht loszukommen, <u>sind gescheitert</u>. 도박 중독에서 벗어나려는 그의 모든 노력들은 실패했다.
명사 + 간접의문문	Mediziner stellen sich immer noch <u>die Frage</u>, ob die neuen Therapien und Medikamente gegen Alkoholsucht erfolgreich werden. 의료인들은 알코올 중독을 방지하는 새로운 치료법들과 약품들이 효과가 있을 지에 대한 질문을 여전히 던지고 있다.

- 각 문장 및 구문은 수식하는 명사를 부연 설명합니다.

dass 부문장의 활용

구조	추상명사	예문
추상명사 + dass 부문장	**Absicht, Annahme, Behauptung, Beweis, Erwartung, Hoffnung, Nachweis, Tatsache, Wunsch**, ···	Die <u>Behauptung</u>, dass gewalttätige Heranwachsende selbst Gewalt in der Familie erlebt haben, <u>stimmt nur etwa zur Hälfte</u>. 폭력적인 어른들은 가족에서 직접 폭력을 겪었을 것이라는 주장은 절반 정도만 일리가 있다.

zu 부정형 구문의 활용

- dass 부문장과 zu 부정형 구문의 치환: **명사** + dass 부문장으로 이루어진 명사구는 **명사** + zu 부정형 구문으로 바꿀 수 있습니다.
    - 예 Die meisten Kinder in Korea haben den Wunsch, dass sie mit ihren Eltern mehr Zeit zusammen verbringen.
    한국에 대부분의 아이들은 그들이 그들의 부모와 더 많은 시간을 함께 보내기를 바란다.
    Die meisten Kinder in Korea haben den Wunsch, mit ihren Eltern mehr Zeit zusammen zu verbringen.

- dass 부문장으로 치환이 불가한 경우: Idee, Lust, Recht, Spaß, Zeit 등의 명사를 수식하는 경우 치환할 수 없습니다.
    - 예 In der Pubertät haben manche Kinder keine Lust, mit ihren Eltern zu reden.
    사춘기 시절에는 많은 아이들이 그들의 부모와 대화하고 싶어하지 않는다.

간접의문문의 활용

- Frage, Zweifel 등 + 의문사를 사용한 의문문(W-Fragen) / ob 부문장
    - 예 Mein Freund hatte <u>keinen Zweifel</u>, ob die Entscheidung, für seine kranke Mutter sein Studium abzubrechen und heimzufliegen, richtig war.
    내 친구는 그의 아프신 어머니를 위해 학업을 중단하고 고국으로 돌아가는 결정이 옳았는 지에 대해 의심하지 않았다.

연습문제 ÜBUNGEN

1 다음 문장을 한국어로 해석하세요.

> Es gibt keinen klaren Nachweis, dass man mit einer Kreditkarte mehr ausgibt.
>
> ➡ _____

> 🖈작문 대다수의 한국 사람들은 재정 위기에도 불구하고 그들의 나라가 다시 부유해질 것이라는 높은 기대를 갖고 있다.
>
> _____

2 괄호 안의 구문을 zu 부정형 구문으로 바꿔 문장을 완성하세요.　🎧 MP3 040

❶ Die Regierung hat im Moment die Absicht, _____.

　　　　　　　　　　　　　(eine Lösung der finanziellen Krise suchen)

❷ Koreaner haben keine große Angst, _____.

　　　　　　　　　　　　　(ein Erdbeben erleben)

❸ Bis vor 2008 hatten Südkoreaner keine Möglichkeit, _____.

　　　　　　　　　　　　　(ohne Visum in die USA reisen)

> 🖈작문 독일에 있는 언니를 다시 만나고자 하는 우리 할머니의 바람은 이루어졌다(erfüllen).
>
> _____

3 두 문장을 관계문으로 연결하세요.

> Die Frage ist ungeklärt. Warum sind Singlefrauen glücklicher als Singlemänner?
>
> ➡ _____

> 🖈작문 왜 점점 더 많은 학생들(청소년)이 학교를 그만두는 지에 대한 물음에 쉽게 답할(beantworten) 수는 없다.
>
> _____

연습문제 정답 **1** 신용카드를 소지하면 더 많이 지출한다는 명백한 증거는 없다. 작문 Die meisten Koreaner haben eine hohe Erwartung, dass ihr Land trotz Finanzkrise wieder reicher wird. **2** ❶ eine Lösung der finanziellen Krise zu suchen ❷ ein Erdbeben zu erleben ❸ ohne Visum in die USA zu reisen 작문 Der Wunsch meiner Oma, ihre ältere Schwester in Deutschland wieder zu treffen, wurde erfüllt. **3** Die Frage, warum Singlefrauen glücklicher als Singlemänner sind, ist ungeklärt. 작문 Man kann die Frage, warum immer mehr Schüler ihre Schule abbrechen, nicht leicht beantworten.

후치부가어: 관계문
Attributsatz 2

관계문은 부문장의 형태로 선행사의 의미를 꾸며줍니다. 관계문은 수식을 받는 명사의 의미를 한정하는 기준에 따라 한정 관계문과 비한정 관계문으로 나뉩니다. 관계문에 사용되는 관계대명사는 앞 문장의 선행사의 성과 수를 따르고, 격은 관계문 내에서 결정됩니다. 앞 문장의 선행사가 장소 또는 시간을 나타내는 경우, 관계대명사 대신 의문사가 사용되기도 합니다. 이 장에서는 관계대명사나 의문사 없이 분사의 구조로 앞 문장을 수식하는 경우에 대해서도 함께 살펴보겠습니다.

관계문(Relativsatz)의 구조

구조	설명 및 예문
명사 + 관계대명사	관계대명사의 성과 수는 선행사와 일치하고 격은 관계문 내에서 정해집니다.
	Gyeongju ist die Stadt, in der die Grabstätten der Silla-Dynastie liegen. 경주는 신라 왕조의 무덤들이 있는 도시이다.
명사 + 의문사	의문사(wo/woher/wohin)는 선행사가 장소/시간을 나타낼 때 관계문을 이끌 수 있습니다.
	위치: Der größte Anteil der Koreaner wohnt in Seoul, wo es bessere Job- und Bildungsmöglichkeiten gibt. 많은 한국인들이 더 나은 일자리와 교육 기회가 있는 서울에 거주한다. **이동**: Meine Eltern wollen nach Jeju fliegen, wohin ich letztes Jahr mal gereist bin. 나의 부모님은 내가 작년에 한 번 여행했던 제주로 가기를 원하신다. **시간**: Gestern war der schönste Tag des Jahres, wo meine ganze Familie mich in Korea besuchte. 어제는 나의 가족 모두가 한국에 있는 나를 방문했던 올해 최고의 날이었다.
명사 + 분사구	주로 수동의 의미를 나타내는 과거분사를 사용한 분사구를 사용해 선행사를 꾸며줍니다.
	Die Ruine, an der Ausgrabungsstätte entdeckt, zeigt den Alltag der Koreaner damals. 그 발굴지에서 발견된 잔해들은 당시 한국인의 일상을 보여줍니다.

한정 관계문과 비한정 관계문

한정 관계문	수식을 받는 선행사의 의미를 한정하는 경우에 사용
	Smartphones, die in Korea hergestellt werden, werden auch in Deutschland verkauft. 한국에서 제조되는 스마트폰은 독일에서도 판매되고 있다.
비한정 관계문	선행사의 의미를 한정하지 않고, 선행사의 추가적인 의미를 더하는 경우에 사용되며 생략이 가능
	Der Konfuzianismus(, der von Konfuzius gegründet wurde,) beeinflusst sämtliche philosophischen und politischen Vorstellungen in Korea. (공자에 의해 창시된) 유교는 한국에서의 전반적인 철학적, 정치적 사고에 영향을 미친다.

관계대명사의 격변화

	남성	여성	중성	복수
1격 (Nominativ)	der	die	das	die
2격 (Genitiv)	dessen	deren	dessen	deren
3격 (Dativ)	dem	der	dem	denen
4격 (Akkusativ)	den	die	das	die

* 관계대명사 및 관계문에 대해서는 60장에서 추가로 다룹니다.

연습문제 ÜBUNGEN

1 빈칸에 알맞은 관계대명사 및 의문대명사를 넣으세요. 🎧 **MP3 041**

❶ Touristen, _____ in Seoul ein Auto mieten wollen, müssen mit großen Staus rechnen.

❷ Taekwondo ist ein koreanischer Kampfsport, _____ viele Ausländer sehr attraktiv finden.

❸ Die Reisenden, _____ Korea besonders gut gefallen hat, wollen später wieder nach Korea reisen.

❹ Der schnellste Zug in Korea ist der KTX, mit _____ man jedes Ziel innerhalb von 2 Stunden erreichen kann.

❺ Busan ist eine Hafenstadt, _____ ausländische Touristen unbedingt reisen wollen.

❻ Die Jahrtausendwende war die Zeit, _____ Koreaner sich eine bessere Zukunft erhofften.

2 괄호 안에 있는 단어의 관계대명사를 사용하여 두 문장을 연결하세요. 🎧 **MP3 042**

❶ Ein 80–jähriger Deutscher hat seine Reisegruppe verloren. (Er) hat sich verlaufen.

➡ _____

❷ Die Reisegruppe konnte das Koreanische Nationalmuseum nicht besuchen. Sie wollte (es) unbedingt besichtigen.

➡ _____

❸ Die Reisegruppe war auf dem Platz. Sie hatte (auf dem Platz) den Mann verloren.

➡ _____

❹ Der Reiseleiter blieb hilflos und ratlos stehen. (Sein) Kunde ging verloren.

➡ _____

❺ Der 80–jährige konnte seine Gruppe finden. Ein koreanischer Student hatte (ihm) geholfen.

➡ _____

❻ Es war ein spannender Tag. (An dem Tag) ist der 80–jährige Mann fast verloren gegangen.

➡ _____

❼ Die Reisegruppe bedankte sich bei dem koreanischen Studenten. Ohne (seine) Hilfe konnte sie den Mann nicht finden.

➡ _____

연습문제 정답 **1** ❶ die ❷ den ❸ denen ❹ dem ❺ wohin ❻ wo **2** ❶ Ein 80-jähriger Deutscher, der sich verlaufen hat, hat seine Reisegruppe verloren. ❷ Die Reisegruppe konnte das Koreanische Nationalmuseum nicht besuchen, das sie unbedingt besichtigen wollte. ❸ Die Reisegruppe war auf dem Platz, wo sie den Mann verloren hatte. ❹ Der Reiseleiter, dessen Kunde verloren ging, blieb hilflos und ratlos stehen. ❺ Der 80-jährige, dem ein koreanischer Student geholfen hatte, konnte seine Gruppe finden. ❻ Es war ein spannender Tag, an dem (wo) der 80-jährige Mann fast verloren gegangen wäre. ❼ Die Reisegruppe bedankte sich bei dem koreanischen Studenten, ohne dessen Hilfe sie den Mann nicht finden konnte.

71

30 전치부가어: 형용사
Adjektiv als Attribut

전치부가어에는 형용사와 형용사적으로 사용되는 분사 1식(Partizip I), 분사 2식(Partizip II)이 있습니다. 이 장에서는 부가어로 사용되는 형용사에 대해 알아봅니다.

형용사 전치부가어의 구조

(관사) + 형용사 + 명사	명사 앞에 위치하는 형용사는 명사의 의미를 수식합니다.
	Minyo ist ein koreanisches Volkslied. 민요는 한국의 민속 노래이다.

형용사 전치부가어의 기능

콤마 규칙	명사구 안에 여러 개의 형용사가 오는 경우 콤마의 여부에 따라 의미가 달라질 수 있습니다.
	ⓐ 각각의 형용사가 명사를 직접 꾸며주는 경우 형용사 사이에 콤마를 사용합니다.
	Seoul ist eine besondere, moderne Stadt. 서울은 특별하고 현대적인 도시이다.
	앞의 형용사가 뒤의 형용사를 수식하는 경우 형용사 사이에 콤마를 사용하지 않습니다.
	Seoul ist eine besondere moderne Stadt. 서울은 특별히 현대적인 도시이다.
	ⓑ 형용사가 색깔, 재료, 출처 등을 나타내는 경우 콤마를 사용하지 않습니다.
	Im Osten von Südkorea liegt das klare hellblaue Ostmeer. 한국의 동쪽에는 맑고 물빛이 나는 동해 바다가 있다.
	Der alte hölzerne Turm ist etwa 10 Meter hoch. 그 오래된 목재의 탑은 대략 10미터 높이다.
	Bulgogi ist eine berühmte koreanische Spezialität. 불고기는 유명한 한국의 음식이다.
	ⓒ 콤마를 사용하는 대부분의 경우 콤마 대신 und를 사용할 수 있습니다.
	Seoul ist eine besondere und moderne Stadt. 서울은 특별하고 현대적인 도시이다.
어미변화	형용사는 주로 관사와 명사 사이에 위치하고 명사의 성, 수, 격에 따라 어미변화가 일어납니다.
	Verglichen mit älteren Generationen können koreanische Jugendliche mit neuen Medien und mit kultureller Vielfalt besser umgehen. 이전 세대들과 비교해볼 때 한국의 젊은이들은 새로운 매체들과 문화적 다양성에 더 잘 적응할 수 있다.
어미변화가 없는 경우	몇몇 형용사의 경우 어미변화가 일어나지 않습니다.
	ⓐ 기수 Südkorea besteht aus sieben Großstädten und neun Provinzen. 한국은 7개의 대도시와 9개의 도로 이루어져 있다.
	ⓑ ein bisschen, ein paar, -lei(allerlei, mancherlei, vielerlei) Auf der Reise in Deutschland bin ich fast jeden Tag ein paar Koreanern begegnet. 독일에서의 여행 중에 나는 거의 매일 몇몇의 한국사람들과 마주쳤다.
	ⓒ -a로 끝나는 형용사(extra, prima, rosa, …) Die koreanische Fluggesellschaft hat extra Sitzplätze für Babys mit Kinderwagen. 그 한국 항공사는 유모차에 탄 아기들을 위한 별도의 좌석을 보유하고 있다.
형용사의 나열과 어미 변화	명사구 안에 여러 개의 형용사가 오는 경우 같은 형태의 어미변화를 합니다
	Pansori ist eine musikalische, literarische und theatralische Kunst. 판소리는 음악적이고 문학적이자 극적인 예술이다.
형용사의 의미 확장	형용사는 같은 명사구 안에서 다른 문장 성분(부사)을 통해 그 의미가 확장될 수 있습니다.
	Der Klimawandel ist ein überaus wichtiges Thema. 기후 변화는 특별히 중요한 주제이다.

연습문제 ÜBUNGEN

1 빈칸에 알맞은 형용사의 어미변화를 넣으세요.　　　　　　　　　　　🎧 MP3 043

❶ Das koreanische Alphabet Hangul ist die offiziell_____ Schrift in Korea.

❷ Jugendliche in Europa interessieren sich für die 'koreanisch_____ Welle' (Hallyu).

❸ Immer mehr deutsch_____ Studenten beteiligen sich an international_____ Austauschprogrammen.

❹ Das rasant_____ Wirtschaftswachstum in den 70er und 80er Jahren führte zu zahlreich_____ unerwünscht_____ Nebenwirkungen auf die Umwelt.

❺ In den 90er Jahren lernten Schüler in Korea Deutsch als zweit_____ Fremdsprache.

> ✒ 작문 한국에 독일 관광객의 수는 1997년부터 2017년까지 두 배 증가했다.
> _____

2 같은 형용사가 사용된 두 문장을 한국어로 해석하세요.

❶ Außer neuen, wirtschaftlichen Reformen führte der Präsident auch wichtige Reformen zur Demokratisierung durch.

➡ _____

❷ Außer neuen wirtschaftlichen Reformen führte der Präsident auch wichtige Reformen zur Demokratisierung durch.

➡ _____

> ✒ 작문 ❶ 한국에서의 휴가는 나에게 좋은, 그리고 잊을 수 없는 경험이었다.
> _____
>
> ❷ 당시(damalig-) 한국의 정치적 상황은 안정적이지 않았다.
> _____

3 다음 문장을 독일어로 완성하세요.

교내에서의 폭력은 한국에서 점점 더 중요한 주제가 될 것이다.

➡ _____

전치부가어: 분사 1식
Partizip I als Attribut

전치부가어로 사용되는 분사 1식(Partizip I)과 그 확장된 부가어에 대해 알아봅니다.

분사 1식 전치부가어의 구조

	구조	설명	예문
능동	(관사) + 분사 1식 + **명사**	능동의 의미로 명사를 수식	die singende Elster 그 지저귀는 까치
수동	(관사) + zu + 분사 1식 + **명사**	수동의 의미로 명사를 수식	viele zu räumende Minen 제거되어야 할 많은 지뢰들

- 명사와의 관계에 따라 능동과 수동으로 분류됩니다.
- 분사 1식의 전치부가어로 구성된 명사구는 능동형 문장으로 바꿔 쓸 수 있습니다.
  - 예 die singende Elster 그 지저귀는 까치 ➡ Die Elster singt. 그 까치가 지저귄다.
- zu + 분사 1식의 전치부가어로 구성된 명사구는 수동형 문장으로 바꿔 쓸 수 있습니다. 이때 화법조동사의 의미가 추가됩니다.(하단 참조)
  - 예 viele zu räumende Minen ➡ Viele Minen müssen geräumt werden. 많은 지뢰들이 제거되어야 한다.

분사 1식 전치부가어의 의미

능동		꾸며주는 명사의 능동적 행위의 진행형을 나타내거나 역할/특성을 의미합니다.
	진행형의 의미	Die singende Elster ist ein hochgeschätzter Vogel in Korea. 그 지저귀는 까치는 한국에서 길조이다. Einige Länder machen einen Atomtest als eine sich verteidigende Gegenmaßnahme. 몇몇 국가들은 스스로를 방어하기 위한 대비책으로 원자력 테스트를 실행한다.
	역할 및 특성의 의미	Das Jahr 1953 bezeichnet eine entscheidende Zäsur in der koreanischen Geschichte. 1953년 그해는 한국 역사에 결정적인 단면을 나타낸다.
수동		화법조동사 können, müssen, sollen의 수동적 의미를 나타냅니다.
		In der demilitarisierten Zone (DMZ) in Korea gibt es noch viele zu räumende Minen. 한국에 있는 DMZ(비무장지대)에는 제거되어야 하는 지뢰들이 아직 많이 있다.

확장된 부가어의 구조

(관사) + 확장된 부가어 + 명사	Die seit dem Ende des Koreakrieges 1953 steigenden Konflikte erschweren die Einheit. 1953년 한국 전쟁 종결 이후 증가하는 이 갈등들이 통일을 어렵게 만든다.

- 분사 1식이 확장될 수 있습니다. 분사 1식과 그의 문장 성분들이 분사 1식 앞에 추가되어 확장된 부가어를 구성합니다.
- 확장된 부가어에 속한 내용들은 관사와 명사 사이, 분사 1식 앞에 위치합니다.
- 분사 1식이 사용된 확장된 부가어는 관계문으로 바꿔 쓸 수 있습니다.
  - 예 Die Konflikte, die seit dem Ende des Koreakrieges 1953 steigen, erschweren die Einheit.

연습문제 ÜBUNGEN

1 괄호 안에 있는 동사의 분사 1식 형태를 알맞게 넣으세요.　　🎧 MP3 044

❶ Buddhisten, Protestanten und Katholiken sind die ＿＿＿＿＿＿＿ (vorherrschen) Religionsgruppen in Korea.

❷ dw.com bietet den Nutzern ＿＿＿＿＿＿ (umfassen) Informationen über Deutschland an.

❸ Die Mentalität der Koreaner hat bei der Industrialisierung des Landes eine ＿＿＿＿＿＿ (entscheiden) Rolle gespielt.

❹ Das koreanische Unternehmen rechnet in den ＿＿＿＿＿＿ (kommen) Jahren mit Wachstum in Deutschland.

> 📍작문 울고 있는 이 아이들은 전쟁에서 그들의 부모를 잃었다.
>
> ＿＿＿＿＿＿＿＿＿＿＿＿＿＿＿＿＿＿＿＿＿＿＿＿＿＿

2 밑줄 친 부분을 zu와 결합한 분사 1식 형태를 사용한 명사구로 바꾸세요.　　🎧 MP3 045

❶ Es gibt noch immer Spannungen, die nicht leicht gelöst werden können.

　➡ Es gibt noch immer ＿＿＿＿＿＿＿＿＿＿＿＿＿＿＿ .

❷ Das ist eine Entscheidung, die nicht schnell getroffen werden kann.

　➡ Das ist ＿＿＿＿＿＿＿＿＿＿＿＿＿＿＿ .

❸ Getrennte Familien haben seelische Wunden, die nicht geheilt werden können.

　➡ Getrennte Familien haben ＿＿＿＿＿＿＿＿＿＿＿＿＿＿ .

> 📍작문 그것은 수정될 수 없는 문제이다.
>
> ＿＿＿＿＿＿＿＿＿＿＿＿＿＿＿＿＿＿＿＿＿＿＿＿＿＿

3 다음 문장을 분사 1식 형태를 사용한 명사구로 바꾸세요.

Die Patientin bewegt sich nicht.

➡ ＿＿＿＿＿＿＿＿＿＿＿＿＿＿＿＿＿＿＿＿＿＿＿＿＿＿

> 📍작문 부끄러워하고(sich schämen) 있는 그 아이가 내 막내 아들이야.
>
> ＿＿＿＿＿＿＿＿＿＿＿＿＿＿＿＿＿＿＿＿＿＿＿＿＿＿

연습문제 정답　**1** ❶ vorherrschenden ❷ umfassende ❸ entscheidende ❹ kommenden 작문 Die weinenden Kinder haben ihre Eltern im Krieg verloren.　**2** ❶ nicht leicht zu lösende Spannungen ❷ eine nicht schnell zu treffende Entscheidung ❸ nicht zu heilende seelische Wunden 작문 Das ist ein nicht zu korrigierendes Problem.　**3** die sich nicht bewegende Patientin. 작문 Das sich schämende Kind ist mein jüngster Sohn.

전치부가어: 분사 2식
Partizip II als Attribut

전치부가어로 사용되는 분사 2식(Partizip II)과 그 확장된 부가어에 대해 알아봅니다.

분사 2식 전치부가어의 구조

수동	(관사) + 타동사의 분사 2식 + 명사	진행수동이나 상태수동의 의미를 지니는 경우
		die befragten Schüler 설문을 받은 학생들
		körperlich benachteiligte Jungen 신체적으로 장애가 있는 젊은이들
완료	(관사) +자동사의 분사 2식 + 명사	현재완료의 의미를 지니는 경우
		der angekommene Zug 도착한 기차

- 명사와의 관계에 따라 수동과 완료로 분류됩니다.

- 분사 2식의 전치부가어로 구성된 명사구가 진행수동을 의미하면 진행수동문으로, 상태수동을 의미하면 상태수동문으로 바꿔 쓸 수 있습니다.
  - 예 die befragten Schüler ➡ Die Schüler sind befragt worden. 그 학생들이 설문을 받았다.
  - 예 körperlich benachteiligte Jungen ➡ Die Jungen sind körperlich benachteiligt.
    그 젊은이들은 신체적으로 장애가 있다.

- 분사 2식의 전치부가어로 구성된 명사구가 완료를 나타낸다면 현재완료 문장으로 바꿔 쓸 수 있습니다.
  - 예 der angekommene Zug ➡ Der Zug ist angekommen. 그 기차가 도착했다.

분사 2식 전치부가어의 의미

		명사와의 관계에 따라 진행수동 또는 상태수동의 의미를 나타냅니다.
수동의 의미	진행수동	일회적 또는 단기간에 발생한 수동적 상황을 강조할 때 주로 사용됩니다.
		Nur wenige der befragten Schüler stimmten der Einführung einer Schuluniform zu. 설문을 받은 학생들 중 단지 몇몇만이 교복 도입에 찬성을 했다.
	상태수동	발생한 수동적 상황의 지속성을 나타낼 때 주로 사용됩니다.
		Körperlich benachteiligte Jungen in Korea müssen einen Wehrersatzdienst leisten. 한국에서 신체적으로 장애가 있는 젊은이들은 대체 복무를 해야만 한다.
완료의 의미	Der angekommene Zug ist der KTX, der schnellste Zug Koreas. 도착한 그 열차가 한국에서 가장 빠른 열차인 KTX 열차이다.	

확장된 부가어의 구조

(관사) + 확장된 부가어 + 명사	Die damals am Krieg beteiligten Soldaten liegen auf dem Militärfriedhof begraben. 당시 전쟁에 참전했던 그 군인들은 국립묘지에 안장되어 있다.

- 분사 2식도 분사 1식과 마찬가지로 확장될 수 있습니다. 분사 2식과 그의 문장 성분들이 분사 2식 앞에 추가되어 확장된 부가어를 구성합니다.

- 확장된 부가어에 속한 내용들은 관사와 명사 사이, 분사 2식 앞에 위치합니다.
- 분사 2식이 사용된 확장된 부가어는 관계문으로 바꿔 쓸 수 있습니다.
  예 Die **Soldaten**, die sich damals am Krieg beteiligten, liegen auf dem Militärfriedhof begraben.

연습문제 ÜBUNGEN

1 괄호 안에 있는 동사의 분사 2식 형태를 알맞게 넣으세요.　　　　　　🎧 **MP3 046**

❶ Chinesen machen 60% der _____ (registrieren) Ausländer in Korea aus.

❷ Die _____ (verbessern) Lebensumstände ermöglichten Südkoreanern eine höhere Lebenserwartung.

2 관계문을 확장된 부가어(erweiterte Attribute)로 바꿔 문장을 완성하세요.　　🎧 **MP3 047**

❶ Auf dem Boden lag ein Junge, der durch den Autounfall schwer verletzt wurde.

➡ _____

❷ Ich fahre ein Auto, das von meinem Onkel schon 10 Jahre lang gebraucht ist.

➡ _____

3 밑줄 친 부분(분사 2식이 확장된 부가어 구조)을 관계문으로 바꿔 문장을 완성하세요.

❶ Eine mit entsprechendem Ergebnis bestandene TestDaF-Prüfung berechtigt zum Studium an einer deutschen Universität.

➡ _____

 _____

❷ Ich habe meinen letzte Woche entlaufenen Hund im Park wieder gefunden.

➡ _____

📍작문 (분사 2식) 방금 출발한 그 기차는 Salzburg까지 운행한다.

_____

연습문제 정답 **1** ❶ registrieren ❷ verbesserten **2** ❶ Auf dem Boden lag ein durch den Autounfall schwer verletzter Junge. ❷ Ich fahre ein von meinem Onkel schon 10 Jahre lang gebrauchtes Auto. **3** ❶ Eine TestDaF-Prüfung, die mit entsprechendem Ergebnis bestanden ist, berechtigt zum Studium an einer deutschen Universität. ❷ Ich habe meinen Hund, der letzte Woche entlaufen war, im Park wieder gefunden. 작문 Der gerade abgefahrene Zug fährt bis Salzburg.

4격 및 2격을 수반하는 형용사
Adjektive mit Akkusativ oder Genitiv

형용사의 요구에 의해 2격, 3격, 4격 명사를 수반하는 경우가 있습니다. 이 장에서는 4격과 2격을 수반하는 경우에 대해 알아봅니다.

2, 3, 4격 명사를 수반하는 형용사의 구조

명사 + 형용사	Mein Keller im Haus ist einen Meter breit. 건물에 있는 내 지하실은 폭이 1m이다.

• 명사의 격은 의미가 없습니다.

4격을 수반하는 형용사

alt	나이	Ihr Sohn ist schon zwanzig Jahre alt, aber ihre Tochter ist erst ein Jahr alt. 그녀의 아들은 이미 20살이지만, 딸은 겨우 1살이다.
breit	폭	Mein Keller im Haus ist einen Meter breit. 건물에 있는 내 지하실은 폭이 1미터이다.
dick	두께	Mein Laptop von 1990 war etwa 7 Kilo schwer und 10 Zentimeter dick. 1990년에 제조된 내 노트북은 대략 7kg 무게이고 10cm 두께이다.
groß	키	2015 waren Männer in Deutschland im Durchschnitt etwa 180 Zentimeter groß. 2015년에 독일에 있는 남자들은 평균적으로 키가 180cm였다.
hoch	높이	Mont Blanc, der höchste Gipfel der Alpen, ist 4,810 Meter hoch. 알프스의 가장 높은 봉우리인 몽블랑은 높이가 4,810m이다.
lang	기간	Ich werde einen Monat lang Urlaub in Europa machen. 나는 유럽에서 한 달 동안 휴가를 보낼 것이다.
schwer	무게	Die Miele Waschmaschine ist etwa 100 Kilo schwer. 밀레 세탁기는 대략 100kg의 무게가 나간다.
tief	깊이	Der Bodensee ist 251 Meter tief. 보덴 호수는 깊이가 251m이다.
weit	넓이	Der Stausee ist etwa 5 Kilometer weit. 그 저수지는 넓이가 약 5km이다.
wert	가치	Die Pauschalreise in Europa war den Preis wert. 그 유럽 패키지 여행은 그 가격만큼의 가치가 있었다.
gewohnt	익숙한	Ich bin deutsches Wetter nicht gewohnt. 나는 독일 날씨에 적응이 안 된다.

• gewohnt를 제외한 모든 형용사는 수치를 나타냅니다.

2격을 수반하는 형용사

bedürftig	필요한	Ich bin der finanziellen Unterstützung meiner Eltern für mein Studium bedürftig. 나는 나의 학업을 위해 부모님의 재정적 지원이 필요하다.
gewiss	확신하는	Ich bin mir seiner Liebe für mich gewiss. 나는 나에 대한 그의 사랑을 확신한다.
kundig	아는	Wer der deutschen Sprache nicht kundig ist, muss einen Integrationskurs besuchen. 독일어를 잘 모르는 사람은 사회 통합 강좌를 수강해야 한다.
mächtig	할 수 있는	Ich hoffe, vor der Reise der deutschen Sprache mächtig zu werden. 나는 여행을 가기 전에 독일어를 구사할 수 있게 되기를 바란다.
verdächtig	혐의가 있는	Alle Leute, die beim Terroranschlag anwesend waren, sind des Mordes verdächtig. 테러 공격 당시 현장에 있던 모든 사람들이 살해 혐의를 받고 있다.
würdig	가치가 있는	Du bist meiner Aufmerksamkeit und Energie nicht würdig. 너는 내 관심과 에너지를 쏟을 가치가 없다.

• 위 형용사 외에도 bewusst, fähig, froh, gewahr, ledig, sicher, überdrüssig 등이 더 있습니다.

연습문제 ÜBUNGEN

1 다음 문장을 독일어로 작문하세요.

🎧 MP3 048

❶ 작년 여름에 나는 한 달간 독일에 있었다.

➡ _____

❷ 내 고시원 방(Gosiwon-Zimmer)은 폭이 1m밖에 되지 않았다.

➡ _____

❸ 20살 때 나는 키 174cm에 68kg이었다.

➡ _____

❹ 독일에서 가장 높은 산인 Zugspitze의 높이는 2,962m이다.

➡ _____

❺ 트럭 한 대가 도로에서 이탈하여 강 속으로 5m 깊이 빠졌다.

➡ _____

❻ 그 5성급 호텔(Fünf-Sterne-Hotel)은 그 가격만큼의 가치가 없었다.

➡ _____

❼ 대부분의 한국 사람들은 독일어 발음(Aussprache)에 익숙하지 않다.

➡ _____

2 괄호 안에 있는 단어를 격에 맞게 빈칸에 넣으세요.

🎧 MP3 049

❶ Babys sind _____ (die Betreuung der Eltern) bedürftig.

❷ Ich war mir _____ (der Verlust meines Smartphones) nicht
bewusst.

❸ Der 13–jährige ist _____ (das Verbrechen) nicht schuldig.

❹ Ich bin noch nicht _____ (das Leben) überdrüssig.

❺ Ein Notar muss _____ (die Sprache der Niederschrift)
hinreichend kundig sein.

❻ Die Eltern sind nach Auffassung der Staatsanwaltschaft _____ (der Mord) verdächtig.

❼ Der Politiker ist _____ (diese Ehre) nicht würdig.

> 🔖작문 모든 아이들은 그들의 부모의 사랑을 받을 가치가 있다.
>
> _____

연습문제 정답 **1** ❶ Letzten Sommer war ich einen Monat lang in Deutschland. ❷ Mein Gosiwon-Zimmer war nur einen Meter breit. ❸ Mit 20 war ich 174 Zentimeter groß und 68 Kilo schwer. ❹ Die Zugspitze, der höchste Berg in Deutschland, ist 2.962 Meter hoch. ❺ Ein LKW ist von der Straße abgekommen und 5 Meter tief in einen Fluss gestürzt. ❻ Das Fünf-Sterne-Hotel war den Preis nicht wert. ❼ Die meisten Koreaner sind die deutsche Aussprache nicht gewohnt . **2** ❶ der Betreuung der Eltern ❷ des Verlusts meines Smartphones ❸ des Verbrechens ❹ des Lebens ❺ der Sprache der Niederschrift ❻ des Mordes ❼ dieser Ehre 작문 Alle Kinder sind der Liebe ihrer Eltern würdig.

3격을 수반하는 형용사
Adjektive mit Dativ

3격 명사를 수반하는 형용사를 알아봅니다.

3격을 수반하는 형용사

ähnlich	닮은	**Mein Bruder ist** mir **nicht** ähnlich. 내 남자 형제는 나와 닮지 않았다.
angeboren	타고난	**Ich glaube, dass ein Talent für Sport und Kunst** mir angeboren **ist.** 나는 신체적 능력과 예술적 재능을 타고났다고 생각한다.
behilflich	도움을 주는	**Ein deutscher Tourist war** mir **bei der Suche eines guten Restaurants** behilflich. 한 독일인 관광객이 좋은 레스토랑 찾는 것을 도와주었다.
bekannt	알려진	**Die deutsche Bürokratie ist** mir **schon** bekannt. 나는 독일 관료주의를 이미 알고 있다.
böse	나쁘게 구는	**Auf der Reise war meine Frau** mir **mehrmals** böse. 그 여행에서 내 아내는 여러 번 나에게 나쁘게 대했다.
dankbar	감사하는	**Ich bin** meinen Gutachtern **für die Betreuung meiner Masterarbeit sehr** dankbar. 나는 내 석사 논문을 지도해준 나의 지도 교수님들께 매우 감사드린다.
egal/gleich/ gleichgültig	상관없는	**Es ist** den meisten Deutschen egal, **was andere über sie denken.** 대부분의 독일 사람에게 다른 사람들이 그들에 대해 어떻게 생각하는지는 중요하지 않다.
feind	맞지 않는	**Ich bin** den Milchprodukten feind. 나는 유제품이 맞지 않는다.
geläufig	익숙한	**Der Umgang mit einem Smartphone ist auch** den älteren Generationen geläufig. 스마트폰 사용은 이전 세대에게도 익숙하다.
heiß/kalt	뜨거운/차가운	Meinem kleinen Kind **war die ganze Nacht** heiß. 나의 어린아이는 밤새 몸이 뜨거웠다.
lästig	부담스러운	**Das Verhalten meiner Freundin ist** mir **manchmal** lästig. 내 여자 친구의 행동 때문에 나는 가끔 힘들다.
möglich	가능한	**Leider war es** mir **nicht** möglich, **ohne Sperrkonto mein Visum zu verlängern.** 아쉽게도 슈페어콘토 계좌 없이 내 비자를 연장하는 것은 불가능했다.
peinlich	불쾌한	**Mein Exfreund war** mir **nur selten** peinlich. 내 전 남자 친구는 나를 함부로 대한 적이 거의 없다.
recht	옳은	**Für mein künftiges Studium in Deutschland ist** mir **jeder Aufwand** recht. 독일에서 할 나의 미래의 학업을 위해서라면 어떤 노력도 가치가 있다.
schwindelig	어지러운	Mir **war im Zug nach Berlin** schwindelig. 베를린으로 가는 기차에서 어지러움을 느꼈다.
schlecht/ übel	속이 좋지 않은	**Wenn ich lange Zeit entgegen der Fahrtrichtung im Zug sitze, wird** mir übel. 장시간 기차를 반대 방향으로 앉아 가면 속이 좋지 않다.
treu	신의 있는	**Mein russischer Freund Balishyan war** mir **immer** treu. 내 러시아 친구 Balishyan은 항상 내게 신의를 지켰다.
überlegen	우월한	**Die Mannschaft war** uns **in allen Bereichen** überlegen. 그 팀은 우리보다 모든 면에서 우월했다.

unterlegen	열등한	Biologisch sind Frauen Männern nicht unterlegen. 생물학적으로 여성은 남성보다 열등하지 않다.
unwohl	불편한	Vor einer Prüfung war mir immer sehr unwohl wegen der Nervosität. 시험 전에 나는 항상 긴장해서 매우 불편함을 느꼈다.
verständlich	이해되는	Koreanische Etikette ist vielen Deutschen nicht verständlich. 한국의 예절이 많은 독일 사람에게는 이해가 가질 않는다.
zuwider	거슬리는	Lärmbelästigung durch Nachbarn ist mir zuwider. 이웃의 소음 공해에 나는 견딜 수 없다.
willkommen	환영 받는	In Deutschland war ich meinem besten Freund David jederzeit willkommen. 독일에서 나는 나의 가장 친한 친구 David에게 언제나 환영(환대)을 받았다.
zugänglich	접근 할 수 있는	Persönliche Daten einer Person sollen dritten Personen nicht zugänglich sein. 개인 정보는 제3자에게 제공되어서는 안 된다.

연습문제 ÜBUNGEN

1 다음 문장을 독일어로 작문하세요.　　　　　　　　　　　　　　　　🎧 MP3 050

❶ 나의 아들은 나를 닮지 않았다.

➡ _____

❷ 나는 행복을 타고났다.

➡ _____

❸ 그 종업원은 메뉴 선택에 있어서 나에게 도움을 주었다.

➡ _____

❹ 나는 나의 부모님께 학업의 재정적 지원에 대해 감사하게 생각한다.

➡ _____

❺ 아이들에게는 반 친구들(Mitschüler)의 국적이 중요하지 않다(egal).

➡ _____

❻ 이 글에 있는 많은 전문 용어들은 시험을 보는 학생들(Prüfungsteilnehmer)에게 익숙하지 않았다.

➡ _____

❼ 피자를 먹은 후에 몸이 좋지 않았다.

➡ _____

❽ 많은 독일 사람에게 다른 사람들이 그들에 대해 무엇을 말하는지는 중요하지 않다(gleich).

➡ _____

❾ 우리 형은 모든 것에 있어 나보다 뛰어나다.

➡ _____

❿ 내 친구는 내가 자기보다 지적으로 열등하다고 생각한다.

➡ _____

⓫ 내 아내는 방이 지저분한 것을 싫어한다.

➡ _____

⓬ 며칠 전부터 몸이 춥다.

➡ _____

⓭ 나는 담배와 술이 몸에 잘 받지 않는다.

➡ _____

⓮ 금강산(Kumgangsan)은 여행객에게 다시 출입이 금지되어 있다.

➡ _____

35 전치사를 수반하는 형용사
Adjektive mit Präpositionen

형용사에 의해 전치사를 수반하는 경우에 대해 알아봅니다.

전치사를 수반하는 형용사의 구조

형용사 + 전치사구 / 전치사구 + 형용사	Weißmehl ist arm an Vitaminen. 흰 밀가루는 비타민이 부족하다.

전치사를 수반하는 형용사

an	+ 3격	arm an, beteiligt an, interessiert an, reich an, schuld an, schuldig an
	+ 4격	adressiert an, gebunden an, gewöhnt an
	예문	Das Unternehmen war an einem Millionen-Betrug beteiligt. 그 회사는 수백만 유로 사기에 연루되었다.
auf	+ 4격	angewiesen auf, ärgerlich auf, aufmerksam auf, begierig auf, beschränkt auf, böse auf, eifersüchtig auf, gespannt auf, neidisch auf, neugierig auf, stolz auf, wütend auf, zornig auf
	예문	Meine Freunde sind neidisch auf mein Gehalt. 내 친구들은 내 봉급을 부러워한다.
bei	+ 3격	angesehen bei, bekannt bei, behilflich bei, beliebt bei
	예문	Deutschland ist bei koreanischen Touristen sehr beliebt. 독일은 한국 관광객에게 매우 인기가 있다.
für	+ 4격	angenehm für, bekannt für, bezeichnend für, charakteristisch für, dankbar für, geeignet für, günstig für, interessant für, nachteilig für, notwendig für, nützlich für, offen für, schädlich für, schmerzlich für, typisch für, verantwortlich für, vorteilhaft für, wichtig für, zuständig für
	예문	Das Finanzamt ist zuständig für die Verwaltung von Steuern. 재정부는 세금 행정을 담당한다.
gegen	+ 4격	allergisch gegen, ausfällig gegen, beständig gegen, empfindlich gegen, fest gegen, gefühllos gegen, grausam gegen, immun gegen, machtlos gegen
	예문	Die Pflanze ist empfindlich gegen Kälte im Winter. 그 식물은 겨울철 추위에 민감하다.
gegenüber	+ 3격	aufgeschlossen gegenüber, misstrauisch gegenüber, zurückhaltend gegenüber
	예문	Viele waren misstrauisch gegenüber den Politikern. 많은 이들이 정치인을 불신한다.
in	+ 3격	beschlagen in, eigen in, erfahren in, geschickt in, gut in, tüchtig in
	+ 4격	konvertierbar in, unterteilt in, verliebt in
	예문	Künstler werden unterteilt in Architekten, Bildhauer, Maler, Musiker und Schriftsteller. 예술가는 건축가, 조각가, 화가, 음악가 그리고 작가로 나뉜다.
mit	+ 3격	befreundet mit, behaftet mit, bekannt mit, beschäftigt mit, einverstanden mit, fertig mit, identisch mit, quitt mit, solidarisch mit, unvereinbar mit, vergleichbar mit, verheiratet mit, verwandt mit, zufrieden mit
	예문	Ich bin seit 10 Jahren mit meiner Frau verheiratet. 나는 아내와 결혼한 지 10년째다.
nach	+ 3격	durstig nach, hungrig nach, süchtig nach, verrückt nach
	예문	'Wir sind noch hungrig nach Siegen', sagte Guus Hiddink. '우리는 아직 승리에 굶주려 있다'라고 거스 히딩크는 말했다.

über	+ 4격	ärgerlich über, beschämt über, bestürzt über, betrübt über, beunruhigt über, entrüstet über, erbittert über, erfreut über, erstaunt über, froh über, glücklich über, traurig über, verwundert über, verzweifelt über, wütend über	
	예문	Ich war beschämt über mein Versagen bei der Führerscheinprüfung. 나는 운전면허 시험에 떨어져서 창피했다.	
um	+ 4격	bemüht um, besorgt um, verlegen um	
	예문	Die Eltern sind besorgt um die Sicherheit ihrer Kinder. 부모는 자녀의 안전을 걱정한다.	
von	+ 3격	abhängig von, angetan von, begeistert von, beeindruckt von, benommen von, besessen von, entfernt von, enttäuscht von, ergriffen von, frei von, krank von, müde von, überzeugt von, verschieden von	
	예문	Alle Zuhörer waren begeistert von ihrem Klavierspiel. 모든 관객은 그녀의 피아노 연주에 감동을 받았다.	
vor	+ 3격	blass vor, bleich vor, sicher vor, sprachlos vor, starr vor, stumm vor	
	예문	Flüchtlinge in Deutschland sind vor politischer Verfolgung sicher. 독일에 있는 난민들은 정치적 박해에서 자유롭다.	
zu	+ 3격	bereit zu, befugt zu, berechtigt zu, berufen zu, entschlossen zu, fähig zu, freundlich zu, gewillt zu, gut zu, imstande zu, nett zu	
	예문	Er war zu nichts mehr imstande. 그는 더 이상 아무것도 할 수 없었다.	

* 더 많은 내용은 부록 6을 참조하세요.

연습문제 ÜBUNGEN

1 빈칸에 알맞은 전치사를 넣으세요. 🎧 MP3 051

❶ Weißer Reis ist arm _____ Vitaminen und _____ Eiweiß.

❷ Das Paket aus Korea ist _____ mich adressiert.

❸ Die meisten Eltern sind ohne bestimmte Gründe stolz _____ ihre Kinder.

❹ Der Professor ist _____ allen Germanisten sehr angesehen.

❺ Eine Pauschalreise ist geeignet _____ Leute, die bequem und günstig reisen wollen.

❻ Das Material von WMF Töpfen ist _____ Hitze beständig.

❼ Jeder zweite Smartphone-Nutzer ist dem mobilen Bezahlen _____ aufgeschlossen.

❽ Meine Freundin ist sehr tüchtig _____ ihrem Fach.

❾ Damals war ich _____ meine Freundin verliebt.

❿ Ich bin _____ der Form seiner Argumentation nicht einverstanden.

⓫ Ein Bekannter von mir ist süchtig _____ Glücksspielen.

⓬ Koreaner waren alle traurig _____ die tragische Nachricht.

⓭ Er ist immer _____ Geld verlegen.

⓮ Viele Menschen sind enttäuscht _____ sich selbst.

⓯ Nach dem Wahlkampf waren alle Mitglieder seiner Partei sprachlos _____ Freude.

⓰ Ich weiß noch nicht, _____ welchem Ziel ich berufen bin.

2 다음 문장을 독일어로 작문해보세요. 🎧 MP3 052

❶ 내 여동생은 더위에 민감하다.

➡ _____

❷ 나의 독일어 수업에 있는 모든 학생들은 독일 문화에 관심이 있다.

➡ _____

❸ 나는 내 시험 결과에 대해 만족하지 않았다.

➡ _____

❹ 소음과 높은 인구 밀도(Bevölkerungsdichte)는 서울의 특색이다.

➡ _____

❺ 난 아직 숙제를 못 끝냈다.

➡ _____

연습문제 정답 **1** ❶ an, an ❷ an ❸ auf ❹ bei ❺ für ❻ gegen ❼ gegenüber ❽ in ❾ in ❿ mit ⓫ nach ⓬ über ⓭ um ⓮ von ⓯ vor ⓰ zu **2** ❶ Meine jüngere Schwester ist empfindlich gegen Hitze. ❷ Alle Teilnehmer in meinem Deutschkurs sind an deutscher Kultur interessiert. ❸ Ich war mit meinem Prüfungsergebnis nicht zufrieden. ❹ Lärm und hohe Bevölkerungsdichte sind charakteristisch für Seoul. ❺ Ich bin mit meinen Hausaufgaben noch nicht fertig.

36 전치사의 활용
Gebrauch von Präpositionen

독일어의 전치사들은 기본적인 의미 이외에도 다양한 의미를 추가적으로 가지고 있습니다.

전치사의 다양한 의미 활용

auf	기간	Auf der Reise in Frankreich wurde meine Handtasche gestohlen. 프랑스 여행 중 내 핸드백을 도둑맞았다. Mein Vater ist auf Geschäftsreise. 우리 아버지는 출장 중이시다.
	언어	Bei der mündlichen A1 Prüfung sollte ich mich auf Deutsch vorstellen. A1 말하기 시험에서 나는 독일어로 자기소개를 해야 했다.
aus	원인	Meine Kirchenmitglieder halfen den Flüchtlingen aus Mitleid. 우리 교회의 교인들은 동정심에 그 난민들을 도왔다.
	재료	Der Kölner Dom ist aus unterschiedlichen Steinen erbaut. 쾰른 돔은 다양한 돌들로 건축되었다.
außer	결핍	Aufgrund eines technischen Defekts ist unser Aufzug außer Betrieb. 우리 엘리베이터는 기술적 결함으로 고장이 났다.
bei	작품	Bei Luther finde ich ein Vorbild für Mut und Unbeirrbarkeit. 루터의 저작에서 나는 용기와 확고함의 모범을 발견한다.
für	가격	Das WMF-Topfset habe ich für nur 100 Euro gekauft. 이 WMF 냄비 세트를 나는 겨우 100유로에 구입했다.
	반복	Zum Glück sinkt die Einbruchszahl in Wohnungen Tag für Tag. 다행히도 주거 침입 범죄율이 날마다 줄어들고 있다.
gegen	대조	Verglichen gegen Westdeutschland hat Ostdeutschland mehr Probleme mit Fremdenhass. 독일 서부와 비교했을 때 독일 동부는 외국인 혐오에 대한 더 많은 문제가 있다.
	위반	Bei Verstößen gegen den Mietvertrag kann einem Mieter fristlos gekündigt werden. 임대계약을 어길 시에는 세입자에게 임대계약 만료 이전에 계약 해지가 이루어질 수 있다.
	보험	Alle Arbeitnehmer in Deutschland sind gegen Berufskrankheiten versichert. 독일에 있는 모든 노동자들은 산재 보험이 있다.
gegenüber	관계	Der Prominente ist anderen Menschen gegenüber sehr oft herabwürdigend. 그 유명 인사는 다른 사람들을 매우 자주 경시한다.
hinter	지지	Ich bin glücklich, weil meine Eltern immer hinter mir stehen. 나는 부모님이 항상 지지해주시기 때문에 행복하다.
in	감정	Im Moment lerne ich Deutsch in der Hoffnung, in Deutschland zu studieren. 현재 나는 독일에서 학업을 할 희망을 가지고 독일어를 배운다.
	색깔	Auf dem Wave-Gotik-Treffen wählen die meisten Leute ihre Kleidung in Schwarz. Wave-Gotik-Treffen 행사에서 대부분의 사람들은 그들의 옷을 검정으로 입는다.
	작동	Aus technischen Gründen ist unser Fahrstuhl erst morgen wieder in Betrieb. 기술적 결함들로 인해 우리 엘리베이터가 내일에야 다시 작동할 것이다.
je nach	척도	Freizeitmöglichkeiten der Deutschen sind je nach Alter sehr unterschiedlich. 독일 사람들의 여가 활동들은 연령에 따라 매우 다르다.
mit	정도	EDEKA ist mit großem Abstand der Marktführer in Deutschland. EDEKA는 독일에서 큰 격차를 보이며 시장 선두 주자의 위치를 지킨다.
	연령	Jugendliche können schon mit 18 einen PKW-Führerschein machen. 청소년들은 이미 18살에 승용차 운전면허를 딸 수 있다.

nach	척도	Müllgebühren werden nach dem Volumen bezahlt und nicht nach Gewicht. 종량제 비용은 부피에 따라 가격이 매겨지는 것이지 무게에 따른 것이 아니다.
neben	병행	Neben meinem Studium muss ich auch viel beruflich arbeiten. 내 학업과는 별개로 나는 직업적으로도 많이 일을 해야 한다.
unter	그룹	Der berühmte Sänger war damals unter meinen Freunden bekannt. 그 유명한 가수는 당시 우리 친구들 사이에 유명했다.
vor	원인	Vor Angst schläft mein neunjähriges Kind nicht allein in seinem Zimmer. 나의 9살 된 아이는 무서워서 자기 방에서 혼자 잠을 자지 않는다.
zu	무리	In der mündlichen B1 Prüfung lösen die Teilnehmer zu zweit eine Aufgabe. B1 말하기 시험에서 참가자들은 둘씩 하나의 과제를 푼다.

연습문제 ÜBUNGEN

1 빈칸에 알맞은 전치사를 넣으세요   🎧▶ MP3 053

❶ In meinem Deutschkurs muss man nur _____ Deutsch kommunizieren.

❷ _____ der Reise in Deutschland habe ich ausländische Touristen kennengelernt.

❸ Tolkins Romane zeigen uns die Welt der Phantasie wie _____ Goethe.

❹ Ich habe das Flugticket nach Korea als Spezialangebot _____ 600 Euro gekriegt.

❺ Mein Deutsch verbessert sich Schritt _____ Schritt.

❻ In Deutschland besteht die Pflicht, sich _____ Krankheiten und Unfälle zu versichern.

❼ Ich erwartete, dass sich mein Freund bei diesem Streit _____ mich stellen würde.

❽ Ich lerne Deutsch _____ der Erwartung, bei einer deutschen Firma zu arbeiten.

❾ Durch die Zuwanderung der Flüchtlinge aus Syrien ist die Einwohnerzahl von Berlin _____ schnellem Tempo gestiegen.

❿ _____ 18 können Jugendliche in der Öffentlichkeit rauchen.

⓫ Im Supermarkt wird Obst _____ Klasse, Größe und Anbauregion sortiert.

⓬ Nach seinem Geigenspiel war das ganze Publikum stumm _____ Erstaunen.

⓭ In der Schule sitzen die Schüler _____ zweit an einem Tisch.

⓮ Nach dem Fußballspiel war ich _____ Atem.

⓯ Eltern müssen _____ Liebe zu ihren Kindern auch mal entschieden 'Nein' sagen können.

✒ 작문 이 다리는 나무로만 되어 있다.

_____

연습문제 정답 **1** ❶ auf ❷ Auf ❸ bei ❹ für ❺ für ❻ gegen ❼ hinter ❽ in ❾ mit ❿ Mit ⓫ nach ⓬ vor ⓭ zu ⓮ außer ⓯ aus 작문 Diese Brücke besteht nur aus Holz.

수량을 나타내는 형용사
Zahladjektive

수량을 나타내는 형용사는 관사나 형용사적인 용법으로 쓰입니다.

수량을 나타내는 형용사의 구조

관사적으로 쓰이는 경우	관사-e + **형용사-en** + 복수 명사 In Entwicklungsländern werden keine strengen Klimaschutzgesetze befolgt. 개발도상국에서는 엄격한 기후 보호법들이 지켜지지 않는다.
형용사적으로 쓰이는 경우	형용사-e + **형용사-e** + 복수 명사 Durch die neue Technik werden wenige radioaktive Abfälle entstehen. 그 새로운 기술을 통해 방사성 폐기물이 적게 발생할 것이다.
viel, wenig	단수 명사 앞에 부사적으로 쓰인 경우로 어미변화 없음 In der Zukunft muss ein viel effektiveres Messinstrument für Tsunamis entwickelt werden. 앞으로 쓰나미를 측정하는 훨씬 더 효과적인 도구가 개발되어야 한다.

수량을 나타내는 형용사의 종류

관사적으로 쓰이는 경우	alle, beide, keine, manche, solche
형용사적으로 쓰이는 경우	andere, einige, einzelne, folgende, geringe, mehrere, verschiedene, viele, wenige, zahllose, zahlreiche

수량을 나타내는 형용사의 활용

- 수량을 나타내는 관사와 형용사를 의미적으로 구분하는 것은 어렵습니다.

  예 manche(관사):Manche Staaten wollen das Kyoto-Protokoll nicht einhalten.
  　　　　　　　많은 국가들이 그 교토 의정서를 준수하려 하지 않는다.

  mehrere(형용사):Mehrere Länder wollen das Kyoto-Protokoll nicht einhalten.
  　　　　　　　여러 나라들이 그 교토 의정서를 준수하려 하지 않는다.

  alle(관사): Alle Haustiere müssen regelmäßig geimpft und entwurmt werden.
  　　　　　모든 반려동물은 정기적으로 예방 접종과 구충제를 처방받아야 한다.

  viele(형용사): Viele Haustiere müssen regelmäßig geimpft und entwurmt werden.
  　　　　　많은 반려동물이 정기적으로 예방 접종과 구충제를 처방받아야 한다.

- alle, einige, keine, manche, solche는 대명사로도 사용 가능합니다.

  예 Die meisten Länder sind für strenge umweltrechtliche Vorschriften, aber nicht alle.
  대부분의 나라는 엄격한 환경 법안들에 찬성하지만, 모든 나라들이 그런 것은 아니다.

  Wenn der Lebensraum der Wildtiere weiterhin so zerstört wird, werden bis in 50 Jahren nur einige wenige überleben können.
  이런 식으로 야생 동물들의 생태계가 계속 파괴된다면, 50년 후까지 단지 몇몇 적은 동물들만이 살아남을 것이다.

  Der Tierschützer sagt, dass keines der Tiere der Gefahr einer Infektion ausgesetzt wird.
  그 동물 보호가는 그 동물들 중 어느 동물도 감염 위험에 노출되지 않는다고 말한다.

  Unter Haustieren versteht man solche, die nicht als Nutztiere gehalten werden, sondern der Freude des Tierhalters dienen. 반려동물은 가축이 아니라 주인에게 기쁨을 주는 그런 것으로 이해된다.

연습문제 ÜBUNGEN

1 밑줄 친 단어가 관사적으로 쓰인 경우에 괄호 안에 O를 넣고 형용사적으로 쓰인 경우에 X를 넣으세요.

❶ <u>Alle</u> Lebewesen benötigen Nahrung wie Kohlenhydrate, Fette und Eiweiße. ( )

❷ <u>Keine</u> Pflanzen können auf dem Mond wachsen. ( )

❸ <u>Manche</u> Tiere bekommen im Winter ein Winterfell. ( )

❹ <u>Viele</u> Tiere sind auf Pflanzen als Nahrung angewiesen. ( )

❺ Der Umweltschutz hat <u>geringe</u> Bedeutungen in Schwellenländern. ( )

❻ Heute werden <u>mehrere</u> Studien zum Umweltbewusstsein veröffentlicht. ( )

❼ <u>Verschiedene</u> Tierarten können die Farbe ihres Fells verändern. ( )

❽ In <u>vielen</u> Teilen der Welt liefert erneuerbare Energie günstigen Strom. ( )

❾ In <u>wenigen</u> Jahren wird wegen Wassermangels der Preis für Trinkwasser steigen. ( )

> 📝 작문 독일에서 지난 100년간 수많은 동물 종이 멸종했다(aussterben).
>
> _____

2 빈칸에 알맞은 단어를 괄호 안에서 골라 넣으세요. (alle, einige, keine, solche) 🎧 MP3 054

❶ In der Wüste wachsen Pflanzen, die das Wasser in Blättern oder in Stämmen speichern.
_____ werden Sukkulenten genannt.

❷ Auf der Welt gibt es etwa 380,000 Pflanzenarten. Nur _____ leben in der Wüste.

3 빈칸에 알맞은 어미 형태를 넣으세요. 🎧 MP3 055

❶ Papiertüte und Mehrwegflasche sind kein_____ ökologisch_____ Maßnahmen.

❷ In der Textilproduktion werden viel_____ umweltschädlich_____ Chemikalien verwendet.

❸ Die zahlreich_____ gesundheitsschädlich_____ Wirkungen des Rauchens und des Alkohols sind hinreichend bekannt.

❹ Am Äquator können nur wenig_____ stark anpassungsfähig_____ Pflanzen überleben.

❺ Im Verlauf einig_____ Jahre ist das Interesse am Naturschutz gestiegen.

> 📝 작문 자연 보호를 위해 모든 환경 보호 조치들이 실행(durchführen)되어야 한다.
>
> _____

형용사의 세기를 나타내는 부사
Gradierung der Adjektive durch Adverbien

형용사의 강도 및 세기 등을 형용사 수식을 통해 표현하는 부사에 대해 배웁니다.

형용사의 세기를 나타내는 부사의 구조

부사 + 형용사	형용사를 꾸며주는 부사는 형용사 앞에 위치
	zu <u>trocken</u>, ganz <u>vorsichtig</u>, einigermaßen <u>gut</u>, eher <u>kalt</u>, überhaupt nicht <u>interessant</u>
bild-, extra-, hoch-, mega-, super-, tief-, tod-, top-	특정 형용사 앞에 붙여 형용사의 의미를 강조
	Meine Kinder sind tod<u>traurig</u>, weil heute so schlechtes Wetter ist. 우리 아이들은 오늘 좋지 않은 날씨로 인해 매우 슬프다.

- 부사적 기능으로 형용사를 꾸며주는 경우, 부사는 어미변화를 하지 않습니다.
  - **예** Bei extrem <u>schlechtem</u> Wetter muss man ganz vorsichtig klettern.

    Im Jahr 2006 hatte Deutschland einen ungewöhnlich <u>starken</u> Hagel.

세기에 따른 구분

과잉(+ + +)	부사	allzu, übermäßig, viel zu, zu
	예문	Der Sommer 2016 war viel zu **heiß** und zu **trocken**. 2016년 여름은 너무 뜨겁고 건조했다.
강조(+ +)	부사	absolut, ausgesprochen, außergewöhnlich, außerordentlich, äußerst, besonders, extrem, höchst, ganz, gänzlich, gar, sehr, total, überaus, ungemein, ungewöhnlich
	예문	Bei extrem <u>schlechtem</u> Wetter muss man ganz <u>vorsichtig</u> klettern. 날씨가 극도로 안 좋을 때는 등산을 매우 조심해야 한다. Im Jahr 2006 hatte Deutschland einen ungewöhnlich <u>starken</u> Hagel. 2006년 독일에 이례적으로 강한 우박이 내렸다.
강조(+)	부사	beinahe, einigermaßen, fast, ganz, halbwegs, nahezu, recht, relativ, vergleichsweise, völlig, ziemlich
	예문	Wenn das Wetter einigermaßen <u>gut</u> ist, wird das Konzert im Freien stattfinden. 날씨가 어느 정도 좋으면 그 콘서트는 야외에서 열릴 것이다. Mit anderen Energiequellen ist Windenergie vergleichsweise <u>unbedeutend</u>. 풍력 에너지는 다른 에너지원과 비교했을 때 효과가 미미하다.
약화(-)	부사	eher, ein wenig, etwas
	예문	Der Herbst in Sachsen war eher <u>kalt</u> und <u>trocken</u>. 작센 지역의 그 가을은 다소 춥고 건조했다.
약화(- -)	부사	kaum, wenig
	예문	Wegen Regenschauern und Gewittern ist an Ostern wenig <u>stabiles</u> Wetter zu erwarten. 소나기와 악천후 때문에 부활절에 덜 안정적인 날씨가 예상된다.
부정(- - -)	부사	gar nicht, überhaupt nicht
	예문	Bei regnerischem Wetter war unsere Reise gar nicht <u>entspannt</u>. 비 오는 날씨 때문에 우리의 여행은 전혀 즐겁지 않았다.

연습문제 ÜBUNGEN

1 주어진 세 단어 중 괄호 안에 제시된 세기에 맞는 단어를 선택하여 빈칸에 넣으세요.

❶

relativ / viel zu / besonders

a) Der Winter 2000 war in Korea _____ kalt. (+++)

b) In Deutschland dominiert _____ trockenes Wetter. (++)

c) Korea ist im Sommer _____ schwül und feucht. (+)

❷

wenig / eher / gar nicht

a) Nach Ostern bleibt das Wetter weiterhin _____ wechselhaft. (−)

b) Es wird in der kommenden Woche _____ stabiles Wetter erwartet. (−−)

c) Leider war das Wetter im Urlaub _____ gut. (−−−)

❸

übermäßig / ziemlich / etwas

a) Das Wetter morgen wird _____ stürmisch, dunkel und neblig. (+++)

b) Es war in den letzten Tagen _____ kalt draußen. (+)

c) Von heute auf morgen wird es _____ wärmer, aber dann regnerisch. (−)

✏ 작문 2016년 겨울은 전혀 춥지 않았다.

_____

2 빈칸에 알맞은 단어를 넣어 문장을 완성하세요. 🎧 MP3 056

hoch- / bild- / mega- / super- / top- / tief- / extra-

❶ Das prominente Paar hat zwei _____ schöne Kinder.

❷ Ich esse gern _____ feine Zartbitterschokolade mit 70% Kakaogehalt.

❸ Etwa 2% der Deutschen sollen als _____ begabt gelten, darunter 300.000 Kinder.

❹ Im Film machte der Ring den Alten _____ stark.

❺ Zwei Forscher haben ein _____ leichtes Fahrrad entwickelt.

❻ Die Dokumentation über Blutdiamanten war _____ traurig.

❼ Mit 70 ist mein Vater noch immer _____ fit.

✏ 작문 나의 아내는 음악적으로 매우 재능이 있다.

_____

연습문제 정답 **1** ❶ a) viel zu b) besonders c) relativ ❷ a) eher b) wenig c) gar nicht ❸ a) übermäßig b) ziemlich c) etwas 작문 Der Winter 2016 war gar nicht kalt. **2** ❶ bild ❷ extra ❸ hoch ❹ mega ❺ super ❻ tief ❼ top 작문 Meine Frau ist musikalisch hochbegabt.

장소 부사 1
Lokaladverbien 1

장소의 위치와 이동에 관련된 장소 부사에 대해 wo(어디에), wohin(어디로), woher(어디서)로 분류하여 알아봅니다.

장소 부사의 분류

장소(Wo?)	종착점(Wohin?)	시작점(Woher?)
hier, diesseits	hierhin, hierher	(von hier)

Mein Freund kommt morgen zu mir nach Deutschland. Aber er kommt ohne Geld hierher.
내 친구는 내일 독일에 있는 나에게 온다. 그런데 그는 돈 없이 이곳으로 온다.

da, dort	dahin, dorthin, (nach dort)	daher, dorther, (von dort)

Morgen hole ich meinen Freund vom Flughafen ab. Aber ich weiß nicht, wie ich dorthin fahre.
내일 나는 내 친구를 공항에 마중 나간다. 하지만 어떻게 그곳에 가야 하는지 모른다.

oben, obenan, obenauf	aufwärts, hinauf, (nach oben)	hinab, (von oben)

Vom Flughafen bis zum Bahnsteig müssen wir die Straße etwa 200 Meter aufwärts gehen.
공항에서 열차 승강장까지 우리는 대략 200m를 그 길을 따라 올라가야 한다.

unten	hinunter, (nach unten)	herunter, (von unten)

In Berlin stieß ein Junge eine dreißigjährige Frau die Rolltreppe zum U-Bahnsteig hinunter.
베를린에서 한 젊은 남성이 한 30대 여성을 지하철 승강장으로 가는 에스컬레이터 아래로 밀었다.

vorn(e)	vorwärts, (nach vorn(e))	(von vorn(e))

In der Finsternis kann ich keine Schritte vorwärts gehen. 어둠 속에서 나는 한 걸음도 앞으로 갈 수가 없다.

hinten	rückwärts, (nach hinten)	(von hinten)

Die meisten Autofahrer glauben, das Einparken geht rückwärts viel leichter als vorwärts.
대부분의 자동차 운전자들은 후면 주차가 전면 주차보다 훨씬 더 쉽다고 생각한다.

neben, nebenan	seitwärts	

Ich wollte einen Platz im Abteil nebenan nehmen. Aber ein Sitzplatzwechsel war nicht möglich.
나는 옆에 있는 칸에 좌석을 얻고 싶었다. 그런데 좌석 변경이 불가능했다.

rechts	rechts (nach rechts)	(von rechts)

Als wir um die erste Ecke gingen, stand rechts das Hotel, in dem wir übernachten wollten.
우리가 그 첫 번째 모퉁이를 돌 때, 우리가 묵을 호텔이 오른쪽에 있었다.

links	links (nach links)	(von links)

Wenn Sie an der zweiten Kreuzung links abbiegen, dann sehen Sie gleich den Campingplatz.
두 번째 교차로에서 좌회전하시면 바로 캠핑 장소가 보이실 겁니다.

innen, drinnen	(nach innen)	(von innen)

Im Gegensatz zu Deutschen essen Koreaner lieber drinnen im Restaurant.
독일 사람들과는 반대로 한국 사람들은 레스토랑 안에서 식사하는 것을 선호한다.

außen, draußen, auswärts	(nach außen)	(von außen)

Als Kind fand ich es spannend, auswärts zu übernachten. Aber mein Vater war immer dagegen.
어렸을 때 나는 밖에서 자는 것을 좋아했다. 그런데 나의 아버지는 항상 그것에 반대하셨다.

überall	überallhin	überallher

Zu Hause folgt mir meine Katze überallhin. 집에서 우리 고양이는 내가 가는 곳마다 쫓아온다.

irgendwo, anderswo	irgendwohin, anderswohin	irgendwoher, anderswoher

Gestern habe ich mein Smartphone irgendwo auf der Straße verloren. 어제 나는 스마트폰을 길 어딘가에서 잃어버렸다.

nirgends, nirgendwo	nirgendwohin	nirgendwoher

Alle Mitspieler glauben, dass der Kapitän vor dem Vertragsende nirgendwohin geht.
모든 선수는 그 주장이 계약 만료 이전에 아무 데도 가지 않을 것이라고 믿는다.

	fort, weg	

Ich war nur 15 Minuten zu spät zum Date. Aber sie war schon weg.
나는 단지 데이트에 15분 늦었을 뿐이다. 그런데 그녀는 이미 가버렸다.

	heim, heimwärts	

Nach der Niederlage im WM-Finale flog die Mannschaft schlecht gelaunt wieder heimwärts.
월드컵 결승전에서 패배한 뒤, 그 팀은 좋지 않은 기분으로 고국으로 돌아갔다.

- rechts와 links는 장소(wo)와 종착점(wohin)의 의미를 동시에 지닙니다.

연습문제 ÜBUNGEN

1 빈칸에 내용에 알맞은 장소 부사를 넣으세요. 🎧 MP3 057

unten / überall / irgendwo / nirgends

❶ Leider konnte ich mein Handy _____ finden.

❷ Ich hoffe, meinen Schlüssel _____ finden zu können.

❸ In Indien kann man _____ obdachlose Kinder sehen.

❹ Ich stelle mein neues Fahrrad immer _____ im Keller ab.

> ✒ 작문 우리 아이들은 밖의 놀이터에서 노는 것을 좋아한다.
>
> _____

2 빈칸에 내용에 알맞은 장소 부사를 넣으세요. 🎧 MP3 058

hierher / nirgendwohin / von außen / von vorne

❶ Opfer von politischer Verfolgung brauchen dringend Hilfe _____.

❷ Im Sommerurlaub fährt meine Familie _____, da ich vollbeschäftigt bin.

❸ Mein deutscher Freund versteht kein Wort Koreanisch, aber er kommt zum Studium _____.

❹ Ich habe den Film schon mehrmals _____ bis hinten gesehen.

> ✒ 작문 내가 역에 도착했을 때 내 기차는 이미 떠나버렸다.
>
> _____

연습문제 정답 **1** ❶ nirgends ❷ irgendwo ❸ überall ❹ unten 작문 Meine Kinder spielen gern draußen auf dem Spielplatz. **2** ❶ von außen ❷ nirgendwohin ❸ hierher ❹ von vorne 작문 Als ich am Bahnhof ankam, war mein Zug schon weg.

40 장소 부사 2
Lokaladverbien 2

장소 부사 hin과 her의 형태와 의미에 대해 알아봅니다.

hin과 her의 구조

- 기본 형태: hin-/her- + 동사(-bringen, -fahren, -führen, -gehen, -gehören, -kommen, -legen, -setzen): 동사와 결합, 분리동사로 사용

  예 Markus: Julia, wenn du zu Hause bist, kann ich gleich deinen USB-Stick hinbringen.
  Julia, 너 집에 있으면 내가 바로 네 USB를 가져다줄게.

  Julia: Entschuldigung, ich bin den ganzen Tag unterwegs. Bitte bring ihn morgen her!
  미안, 나는 하루 종일 밖에 있어. 그거 내일 가져다줘!

- 기본 형태: hin-/her- + 전치사(-ab, -an, -auf, -aus, -ein(=in), -unter, -über) + 동사: 장소의 전치사 및 동사와 결합, 분리동사로 사용

  예 David: Anna, kannst du bitte mein Gepäck zum Dachgeschoß hinaufbringen?
  Anna, 내 짐을 꼭대기 층으로 올려줄 수 있어?

  Anna: Nein, ich bin schon ganz oben. Bitte bring es selbst herauf!
  아니, 나는 이미 위에 있어. 그거 직접 가지고 올라와.

hin과 her의 의미

- hin: 말하는 사람을 기준으로 다른 곳으로의 이동을 나타냅니다.

  예 Jakob: Wo gehst du gerade hin? 너 지금 어디 가니?
  Lena: Ich gehe zum Standesamt. 난 호적 사무소에 가.

- her: 상대/대상의 위치를 기준으로 말하는 사람으로의 이동을 나타냅니다.

  예 Franzi: Wo kommst du gerade her? 너는 지금 어디에서 오는 거야?
  Frank: Ich komme gerade vom Arbeitsamt. 나는 막 노동청에서 오는 중이야.

hin과 her의 축약

hin+전치사	her+전치사	r+전치사	예문
hinauf	herauf	rauf	Ich wohne in der 5. Etage. Bitte fahr mit dem Lift rauf! 나는 5층에 살아. 엘리베이터 타고 위로 올라와!
hinaus	heraus	raus	Die Regierung führte die Bank aus der Krise raus. 정부는 그 은행을 위기에서 건져냈다.
hinein	herein	rein	Kommen Sie bitte rein! 안으로 들어오세요!
hinunter	herunter	runter	Sie kam die Treppe runter. 그녀는 그 계단을 내려갔다.
hinüber	herüber	rüber	In der Mensa blickte ein Mädchen ständig zu mir rüber. 학생 식당에서 한 여학생이 계속해서 내 쪽을 쳐다봤다.
hinan	heran	ran	An einen Zebrastreifen fahre ich immer vorsichtig ran. 나는 횡단보도에 가까이 갈 때는 항상 조심스럽게 운전한다.

- hin, her가 장소 전치사와 결합한 경우 hin과 her는 r로 축약하여 표현될 수 있습니다. 축약된 경우 hin과 her의 형태 차이가 없으므로 문맥에서 의미를 파악해야 합니다.

1 빈칸에 hin 또는 her를 넣어 문장을 완성하세요. 🎧 MP3 059

❶ Für die Operation brauchte der Patient dringend eine Unterschrift seiner Frau. Aber er konnte sie nicht sofort _____ bringen, weil seine Frau damals im Ausland war.

❷ _____ fahren, streiten und wieder wegfahren ist ein häufiges Verhaltensmuster in einer Wochenendbeziehung.

❸ Ich hoffe, dass alle Probleme, die meine Klienten hier _____ geführt haben, gelöst werden.

❹ Asylsuchende müssen sich sorgfältig überlegen, wo sie _____ gehen wollen.

❺ Einige Deutsche denken, dass Ausländer hier nicht _____ gehören.

❻ In unserem Leben ist es nicht entscheidend, wo man _____ kommt oder welchem Glauben man angehört.

❼ Wenn ich mein Baby in sein Bettchen _____ lege, schreit es, bis ich es wieder hochnehme.

2 빈칸에 알맞은 동사를 시제에 맞게 넣어 문장을 완성하세요. 🎧 MP3 060

> heranwachsen / hineinversetzen / herausbringen / hinaufsteigen

❶ Die Bandmitglieder sind inzwischen zu erfolgreichen Stars _____.

❷ Ich bin mit meinem 9-jährigen Sohn eine Stunde lang zum Gipfel _____.

❸ Frau Jun hat ihre erste professionelle Klaviermusik-CD _____.

❹ Der Deutschlehrer kann sich komplett in seine Schüler _____.

3 빈칸에 알맞은 단어를 넣어 문장을 완성하세요. 🎧 MP3 061

> ran / runter / rauf / raus / rüber

❶ Ich bin gestern zum ersten Mal mit meinem Sohn einen Berg _____ gegangen.

❷ Herr Han hat sein erstes Grammatikbuch _____ gebracht.

❸ Als Kind bin ich die Treppe _____ gefallen.

❹ Als ich den Salat in die Küche _____ tragen wollte, stolperte ich über den Teppich.

❺ Man muss langsam an die rote Ampel _____ fahren.

연습문제 정답 **1** ❶ her ❷ Hin ❸ her ❹ hin ❺ her ❻ her ❼ hin **2** ❶ herangewachsen ❷ hinaufgestiegen ❸ herausgebracht ❹ hineinversetzen **3** ❶ rauf ❷ raus ❸ runter ❹ rüber ❺ ran

시간 부사
Temporaladverbien

시간을 나타내는 다양한 부사들과 그 의미에 대해 배웁니다.

시간 부사의 종류

시점	의미	수식을 받는 단어나 문장 전체의 내용이 발생한 시점 또는 시간적 단면을 나타냅니다.
	부사	- vorgestern, gestern, heute, morgen, übermorgen - bald, damals, dann, demnächst, eben, einst, endlich, eher, früher, gegenwärtig, gerade, heutzutage, jetzt, kürzlich, momentan, neulich, niemals, nun, seinerzeit, soeben, sofort, sogleich, vorerst, vorhin, zugleich, zurzeit···
	예문	Ich habe mit einem Makler einen Besichtigungstermin für übermorgen vereinbart. 나는 한 부동산 중개업자와 집 방문 일정을 모레로 잡았다. Endlich habe ich den Mietvertrag für meine neue Wohnung unterschrieben. 끝내 나는 새로운 집에 대한 임대 계약서에 사인을 했다.
기간	의미	지속적인 시간적 범위를 나타냅니다.
	부사	allzeit, bislang, bisher, immer, lange, längst, nie, niemals, noch, seither, stets, zeitlebens···
	예문	Zum Glück hatte ich bisher in meiner Wohnung nie Schimmel. 다행히도 나는 아직까지 내 집에서 곰팡이를 본 적이 없다.
반복의 주기	의미	어떤 일이 반복적으로 발생하는 주기를 나타냅니다.
	부사	- morgens, mittags, vormittags, nachmittags, abends, nachts, montags, dienstags ··· - täglich, wöchentlich, monatlich, jährlich, einmal, zweimal··· - ab und zu, bisweilen, häufig, jederzeit, mehrmals, nochmals, oft, selten, zeitweise, wiederum···
	예문	Morgens und abends kippt meine Mutter alle Fenster in der Wohnung. 아침과 저녁으로 우리 어머니는 집에 있는 모든 창문을 (세로 방향으로 조금) 연다. Zur Vermeidung von Schimmel lüfte ich zwei- bis dreimal täglich. 곰팡이를 방지하기 위해 나는 매일 두세 번 환기를 시킨다.
전후 관계	의미	특정 시점을 기준으로 시간적 전후 관계를 나타냅니다.
	부사	anfangs, danach, gleichzeitig, hinterher, indessen, inzwischen, mittlerweile, nachher, schließlich, seitdem, seither, später, unterdessen, vorher, zuerst, zeitgleich, zunächst, zuvor, zuletzt···
	예문	In Deutschland muss man in der Regel die Wohnung drei Monate vorher kündigen. 독일에서는 보통 3달 전에 미리 집 계약 해지 통보를 해야 한다.

어미에 따른 시간의 표현 분류

반복	구조	어미 (͞) lich 를 붙여 반복적인 시간을 표현합니다.
	부사	**täglich, wöchentlich, monatlich, jährlich**
	예문	Die Zahl der jährlichen Flüchtlingspopulation ist deutlich gestiegen. 매해 난민 인구는 확연히 증가했다.

기간	구조	어미 (˙˙)ig 를 붙여 특정 기간을 표현합니다.
	부사	eintägig, mehrtägig, einwöchig, einmonatig,einjährig
	예문	Die DB bestätigt eine dreiwöchige Sperrung der ICE-Strecke zwischen Halle und Leipzig. 독일 철도청은 할레와 라이프치히 사이에 있는 ICE 구간을 3주간 폐쇄하는 것을 승인한다.

• 형용사로 쓰이는 경우 형용사 어미변화를 해야 합니다.

연습문제 ÜBUNGEN

1 빈칸에 알맞은 시간 부사를 넣어 문장을 완성하세요.　　　　　　　🎧▶MP3 062

❶
demnächst / heutzutage

　a)＿＿＿＿＿＿ ersetzen Soziale Netzwerke (SNS) Grußkarten und Briefe.

　b) Der Film wird ＿＿＿＿＿＿ auf DVD veröffentlicht.

❷
bislang / längst

　a) Die Zeiten, in denen Trinkwasser im Überfluss zur Verfügung stand, sind ＿＿＿＿＿＿ vorbei.

　b) Die Arbeitslosigkeit in Bayern erreicht ihren ＿＿＿＿＿＿ niedrigsten Stand.

❸
selten / häufig

　a) Als Schüler kam ich ＿＿＿＿＿＿ zu spät zur Schule.

　b) Im Vergleich zu Männern machen Frauen ＿＿＿＿＿＿ Karriere in politischen Bereichen.

❹
mittlerweile / anfangs

　a) Alkohol kann nur ＿＿＿＿＿＿ helfen, unangenehme Gefühle und Schmerzen zu lindern.

　b) Eine Studie zeigt, dass jeder Dritte Koreaner ＿＿＿＿＿＿ zu dick ist.

> 📍작문 보통 나는 일 년에 서너 번 중국으로 출장(여행)을 간다.
>
> ＿＿＿＿＿＿＿＿＿＿＿＿＿＿＿＿＿＿＿＿＿＿＿＿＿＿＿＿＿

2 빈칸에 알맞은 단어를 넣어 문장을 완성하세요.

täglich- / monatlich- / jährlich- / einmonatig-

❶ Etwa 6,000 Deutsche sterben ＿＿＿＿＿＿ durch Alkohol, d.h. etwa 70.000 ＿＿＿＿＿＿.

❷ Ich besuche einen ＿＿＿＿＿＿ Deutschkurs mit 2 Unterrichtsstunden pro Woche.

❸ Nach dem Arbeitsgesetz beträgt die maximal zulässige ＿＿＿＿＿＿ Arbeitszeit 10 Stunden.

연습문제 정답 **1** ❶ a) Heutzutage b) demnächst ❷ a) längst b) bislang ❸ a) häufig b) selten ❹ a) anfangs b) mittlerweile 작문 Normalerweise reise ich drei- bis viermal jährlich geschäftlich nach China. **2** ❶ monatlich, jährlich ❷ einmonatigen ❸ tägliche

화법 부사와 원인 부사
Modal- und Kausaladverbien

화법(양태)과 원인을 나타내는 다양한 부사에 대해 알아봅니다.

화법 부사의 종류

방법	부사	anders, bedenkenlos, derart, ebenfalls, ebenso, eilends, fehlerlos, fleißig, folgendermaßen, genauso, geradeaus, gern, gut, irgendwie, insgeheim, kurzerhand, langsam, rundweg, schlecht, schnell, so, tüchtig, unversehens, vergebens
	예문	In meinem Heimatland Südkorea ist das Schulsystem ganz anders als in Deutschland. 나의 고국인 한국의 학교 시스템은 독일과 매우 다르다.
정도	부사	einigermaßen, größtenteils, halbwegs, teilweise, überaus, äußerst
	예문	Unterricht in koreanischen Schulen befasst sich größtenteils mit theoretischer Lehre. 한국 학교에서의 수업은 상당 부분이 이론 교육이다.
수단	부사	dadurch, damit, hierdurch, hiermit
	예문	Studium an einer deutschen Universität erfordert meistens ein Praktikum. Dadurch erworbene Kenntnisse kann man direkt im jeweiligen Berufsumfeld umsetzen. 독일 대학에서의 학업은 대부분 실습이 필요하다. 그것을 통해 습득한 지식은 각각의 직업 환경에서 바로 적용할 수 있다.
연결	부사	auch, anders, außerdem, ferner, desgleichen, ebenfalls, gleichfalls, sonst, überdies, weiterhin, zudem
	예문	In Deutschland wurde mir beim Studium viel geholfen, sonst hätte ich es nicht geschafft. 나는 독일에서 공부하는 동안 많은 도움을 받았다. 그렇지 않았으면 나는 그것을 해내지 못했을 것이다.
제한/반의	부사	allerdings, dagegen, doch, eher, freilich, hingegen, immerhin, indes(sen), insofern, insoweit, jedoch, nur, vielmehr, wenigstens, zumindest
	예문	Bis 2010 betrugen die Studiengebühren an der städtischen Universität etwa 2,000 Euro pro Semester. An der privaten Universität hingegen war es doppelt so viel. 2010년까지 시립 대학에서의 등록금은 학기당 약 2,000유로였다. 이와 반대로 사립 대학은 그것의 두 배였다.

원인 부사의 종류

원인	부사	also, daher, darum, demnach, demzufolge, deshalb, deswegen, folglich, infolgedessen, mithin, nämlich, so, somit
	예문	Das deutsche Bildungssystem ist nicht leicht zu beschreiben. Es gibt nämlich kein einheitliches deutsches Bildungssystem. 독일의 교육 제도를 쉽게 설명할 수 없다. 왜냐하면 통일된 독일 교육 제도가 없기 때문이다.
조건	부사	andernfalls, ansonsten, dann, gegebenenfalls, keinesfalls, nötigenfalls, schlimmstenfalls, sonst
	예문	Wegen verspäteter Rückmeldung kann man schlimmstenfalls exmatrikuliert werden. 학기 등록을 늦게 하면 최악의 경우 퇴학을 당할 수 있다.
양보	부사	dennoch, gleichwohl, nichtsdestotrotz, nichtsdestoweniger, trotzdem, zwar, aber
	예문	Mein Freund hat vor zwei Jahren promoviert. Dennoch ist er immer noch arbeitslos. 내 친구는 2년 전에 박사 학위를 취득했다. 그럼에도 불구하고 그는 여전히 실업 상태이다.
목적	부사	dazu, darum, deshalb, deswegen, hierfür, hierzu
	예문	Ich möchte in einer deutschen Firma arbeiten. Dazu muss ich zuerst Deutsch lernen. 나는 독일 회사에서 일하고 싶다. 그것을 위해 나는 우선 독일어를 배워야 한다.

연습문제 ÜBUNGEN

1 빈칸에 알맞은 화법 부사를 넣어 문장을 완성하세요.　　🎧 **MP3** 063

❶ 방법: vergebens / genauso

➡ Bei uns in Korea sehen die Berufsaussichten der Geisteswissenschaftler ＿＿＿＿＿＿ schlecht aus wie in Deutschland.

❷ 정도: überaus / einigermaßen

➡ Ein Nebenjob kann den Studenten ermöglichen, ein ＿＿＿＿＿＿ komfortables Studentenleben zu führen.

❸ 수단: damit / hiermit

➡ Motivationsschreiben: ＿＿＿＿＿＿ möchte ich mich um ein Stipendium bewerben.

❹ 연결: sonst / weiterhin

➡ Nach Abbruch des Studiums hat man ＿＿＿＿＿＿ Anrecht auf Kindergeld, sofern man unter 25 ist.

❺ 제한/반의: dagegen / immerhin

➡ Baden-Württemberg beschloss, als erstes Bundesland Studiengebühren für ausländische Studenten einzuführen. Zahlreiche ausländische Studierende protestierten ＿＿＿＿＿＿.

2 빈칸에 알맞은 원인 부사를 넣어 문장을 완성하세요.　　🎧 **MP3** 064

❶ 원인: nämlich / infolgedessen

➡ Mehr als ein Viertel aller Studenten brechen ihr Studium ab. Sie fühlen sich ＿＿＿＿＿＿ überfordert.

❷ 조건: sonst / keinesfalls

➡ Alle Studenten müssen sich für jedes neue Semester rückmelden, weil sie ＿＿＿＿＿＿ exmatrikuliert werden.

❸ 양보: dennoch / zwar…, aber…

➡ Koreanische Universitäten verfügen ＿＿＿＿＿＿ über Verbindungen zu Universitäten auf der ganzen Welt, ＿＿＿＿＿＿ nur wenige Studenten nehmen an einem Austauschprogramm teil.

> 📝 작문　나는 독일 대학에서 기계공학(Maschinenbau)을 전공하기를 원한다. 이를 위해 우선 TestDaF 또는 DSH 시험을 합격해야 한다.
>
> ＿＿＿＿＿＿＿＿＿＿＿＿＿＿＿＿＿＿＿＿＿＿＿＿＿＿＿＿＿＿

연습문제 정답　**1** ❶ genauso ❷ einigermaßen ❸ Hiermit ❹ weiterhin ❺ dagegen　**2** ❶ nämlich ❷ sonst ❸ zwar, aber　작문 Ich möchte an einer deutschen Universität Maschinenbau studieren. Dazu muss ich zuerst entweder TestDaF oder DSH bestehen.

전치사구와 부문장
Präpositionalgruppe und Nebensatz

부문장과 전치사구의 상관관계를 이해하는 것이 중요합니다. 두 구문은 각각 종속접속사(Subjunktion)와 전치사 (Präposition)를 활용하여 시간, 원인, 목적, 양보, 조건, 수단, 결과, 반의, 비례, 출처/기준 등을 표현할 수 있으며, 같은 의미를 나타내는 부문장과 전치사구는 상호 치환이 가능합니다.

전치사구와 부문장의 치환 관계

전치사구	Bei starkem Schneefall nehme ich lieber die öffentlichen Verkehrsmittel zur Arbeit. 폭설에는 나는 대중교통으로 직장에 가는 것을 선호한다.
부문장	Wenn es stark schneit, nehme ich lieber die öffentlichen Verkehrsmittel zur Arbeit. 눈이 심하게 내리면, 나는 대중교통으로 직장에 가는 것을 선호한다.

• 전치사 bei는 종속접속사 wenn의 의미와 같아 치환이 가능합니다. 이렇게 명사구(전치사구)와 동사구(부문장)가 서로 대체가 가능한데, 이때 명사의 전치부가어와 후치부가어에 유의해야 합니다.

전치사와 종속접속사의 의미에 따른 분류

시간	전치사	bei, zu / bis (zu) / nach / seit / vor / während
	종속접속사	wenn / als / bis / nachdem / seit(dem) / bevor / während / solange
원인	전치사	aufgrund / angesichts / aus / vor / wegen / dank
	종속접속사	weil / da
목적	전치사	für / zu / zwecks
	종속접속사	damit / um zu 부정형
양보	전치사	trotz / ungeachtet
	종속접속사	obgleich / obschon / obwohl
조건	전치사	bei / durch / im Fall(e) + 2격 / nur mit / ohne
	종속접속사	wenn / falls / sofern
수단	전치사	durch / mit / mittels / ohne
	종속접속사	dadurch, dass / indem / ohne dass / ohne zu 부정형
결과	전치사	infolge + 2격 / infolge + von
	종속접속사	sodass
반의	전치사	entgegen / im Gegensatz zu / anstelle / (an)statt
	종속접속사	während / (an)statt dass / (an)statt zu 부정형
비례	전치사	entsprechend / je nach
	종속접속사	Je + 비교급, desto/umso + 비교급
출처	전치사	gemäß / laut / nach / zufolge
	종속접속사	wie… sagen(behaupten/betonen/mitteilen, …)

• 의미별로 전치사구와 접속사를 따로 구분하여 상호 치환 관계를 이해하는 것이 중요합니다.

연습문제 ÜBUNGEN

1 밑줄 친 문장 또는 구문을 같은 의미의 전치사구로 바꾸세요. 🎧 **MP3** 065

❶ <u>Während ich mein Praktikum als Deutschlehrer machte</u>, habe ich erfahren, wie viel Arbeit in den Unterrichtsstunden steckt.

➡ _____ habe ich erfahren, wie viel Arbeit in den Unterrichtsstunden steckt.

❷ <u>Um in Deutschland zu studieren</u>, benötigt man fortgeschrittene Deutschkenntnisse.

➡ _____ benötigt man fortgeschrittene Deutschkenntnisse.

❸ <u>Obwohl sie einen erfolgreichen Abschluss haben</u>, finden viele koreanische Absolventen nicht sofort eine Arbeitsstelle und fürchten um ihre Zukunft.

➡ _____ finden viele koreanische Absolventen nicht sofort eine Arbeitsstelle und fürchten um ihre Zukunft.

❹ <u>Wenn man mit dem Studium überfordert ist</u>, kann man ein Urlaubssemester beantragen.

➡ _____ kann man ein Urlaubssemester beantragen.

❺ <u>Die Straße war so glatt, dass</u> die Rettungskräfte selbst kaum zur Unfallstelle vordringen konnten.

➡ _____ konnten die Rettungskräfte selbst kaum zur Unfallstelle vordringen.

❻ <u>Während Studenten an Privathochschulen für ihr Studium bezahlen</u>, tun es Studenten an staatlichen Hochschulen nicht.

➡ _____ bezahlen sie an staatlichen Hochschulen nicht.

❼ <u>Anstatt dass viele Schulabgänger in Deutschland eine Ausbildung in einem Unternehmen machen</u>, wollen sie lieber an einer Universität studieren.

➡ _____ wollen viele Schulabgänger lieber an einer Universität studieren.

❽ <u>Je höher das Bildungsniveau ist, desto besser</u> sind die Berufsaussichten.

➡ _____ unterscheiden sich die Berufsaussichten.

연습문제 정답 **1** ❶ Während meines Praktikums als Deutschlehrer ❷ Zum Studium in Deutschland ❸ Trotz eines erfolgreichen Abschlusses ❹ Bei Überforderung durch das Studium ❺ Infolge der glatten Straße ❻ Im Gegensatz zu Studenten an Privathochschulen ❼ Statt einer Ausbildung in einem Unternehmen ❽ Je nach dem Bildungsniveau

44 시간문
Temporalsatz

시간의 전치사와 종속접속사로 표현할 수 있는 시간문에 대해 알아봅니다. 이러한 시간문은 wann, seit wann 등의 질문에 대한 답변을 표현해줍니다.

동시적/지속적 상황 표현

전치사 bei, zu	Beim Spiel gegen Deutschland **kassierte Korea ein Tor von Michael Ballack.** 독일과의 경기에서 한국이 Michael Ballack에게 한 골을 허락했다. = Als Korea gegen Deutschland spielte, **kassierte Korea ein Tor von Michael Ballack.** 한국이 독일과 경기를 했을 때, 한국은 Michael Ballack에게 한 골을 허락했다.
종속접속사 als, wenn, während	Beim Fußballspiel **darf nur der Torwart den Ball mit der Hand berühren.** 축구 경기에서 골키퍼만이 공을 손으로 만질 수 있다. = Während das Fußballspiel läuft, **darf nur der Torwart den Ball mit der Hand berühren.** 축구 경기가 진행되는 동안 골키퍼만이 공을 손으로 만질 수 있다.
전치사 bis (zu)	Bis zum Ende der Saison **belegte RB Leipzig den ersten Platz in der Bundesliga.** 그 시즌의 끝까지 RB 라이프치히는 분데스리가에서 1위 자리를 차지했다.
종속접속사 bis	= Bis die Saison endete, **belegte RB Leipzig den ersten Platz in der Bundesliga.** 그 시즌이 끝났을 때까지 RB 라이프치히는 분데스리가에서 1위 자리를 차지했다.
전치사 seit	Seit der schweren Verletzung **zeigt der Spieler keine gute Leistung mehr.** 심한 부상 이후 그 선수는 더 이상 좋은 성적을 거두지 못한다.
종속접속사 seit(dem)	= Seit(dem) er sich schwer verletzt hat, **zeigt der Spieler keine gute Leistung mehr.** 심하게 부상당한 이후에, 그 선수는 더 이상 좋은 성적을 거두지 못한다.
전치사 während + 2격	Während des Spiels **ist ein Zuschauer auf das Spielfeld gelaufen.** 그 경기 중에 한 관객이 경기장으로 뛰어나왔다.
종속접속사 während, solange	= Während das Spiel lief, **ist ein Zuschauer auf das Spielfeld gelaufen.** 그 경기가 진행되던 동안에 한 관객이 경기장으로 뛰어나왔다.

시간적 전후 상황 표현

전치사 nach	Nach dem Mannschaftswechsel **brachte der Spieler bessere Leistungen.** 팀 변경 이후 그 선수는 더 나은 실력을 보여주었다.
종속접속사 nachdem	= Nachdem der Spieler die Mannschaft gewechselt hatte, **brachte er bessere Leistungen.** 팀을 변경한 이후에, 그 선수는 더 나은 실력을 보여주었다.
전치사 sofort nach	Die Mannschaften haben sofort nach dem Spiel **das Stadion verlassen.** 그 팀들은 경기 직후에 경기장을 떠났다.
종속접속사 sobald	= Die Mannschaften haben das Stadion verlassen, **sobald das Spiel geendet hatte.** 경기가 끝나자마자 그 팀들은 그 경기장을 떠났다.
전치사 vor + 3격	Vor der Ballannahme **muss man entscheiden, mit welchem Körperteil man den Ball annehmen wird.** 볼을 받기 전에 어떤 신체 부위로 그 공을 받을 것인지 결정해야 한다.
종속접속사 bevor	= Bevor man den Ball annimmt, **muss man entscheiden, mit welchem Körperteil man ihn annimmt.** 볼을 받기 전에 어떤 신체 부위로 그 공을 받을 것인지 결정해야 한다.

그 밖에 시간을 나타내는 표현

da, dabei, damals	Im Halbfinale der WM 2002 **ist Korea von Deutschland mit 1:0 geschlagen worden.** Damals hatte Michael Ballack ein Tor erzielt. 2002년 월드컵 준결승전에서 한국은 독일에게 1대 0으로 패했다. 그 경기에서(당시에) Michael Ballack이 한 골을 넣었다.

연습문제 ÜBUNGEN

1 다음 밑줄 친 부문장을 전치사구로 바꾸세요.
🔊 ▶ MP3 066

❶ <u>Als der Autounfall passierte</u>, wurde der 75-jährige Beifahrer schwer verletzt.

➡ _____ wurde der 75-jährige Beifahrer schwer verletzt.

❷ <u>Bis die Kinder volljährig werden</u>, liegen ihre Erziehung und Bildung in der Verantwortung der Eltern.

➡ _____ liegen Erziehung und Bildung der Kinder in der Verantwortung der Eltern.

❸ Mein Freund liegt im Krankenhaus, <u>seitdem er den Autounfall hatte</u>.

➡ _____ liegt mein Freund im Krankenhaus.

❹ <u>Während Studenten ein Urlaubssemester machen</u>, dürfen sie Lehrveranstaltungen besuchen und Prüfungen ablegen.

➡ _____ dürfen Studenten Lehrveranstaltungen besuchen und Prüfungen ablegen.

❺ <u>Nachdem die Kinder die Schule abgeschlossen haben</u>, müssen sie selbständig ihr Leben führen.

➡ _____ müssen die Kinder selbständig ihr Leben führen.

❻ <u>Bevor man sich bei einer anderen Universität einschreibt</u>, muss man sich exmatrikulieren.

➡ _____ muss man sich exmatrikulieren.

2 다음 밑줄 친 전치사구를 부문장으로 바꿔 문장을 완성하세요.

❶ <u>Seit der Trennung von ihrem Freund</u> isst sie nicht mehr richtig.

➡ _____

❷ <u>Während des Studiums</u> kann man über die Eltern familienversichert sein.

➡ _____

❸ <u>Nach langen Überlegungen</u> hat er sich zum Hochschulwechsel entschieden.

➡ _____

❹ Man sollte sich <u>sofort nach dem Abschluss eines Studiums oder einer Ausbildung</u> eine Arbeit suchen.

➡ _____

연습문제 정답 　1 ❶ Beim Autounfall ❷ Bis zur Volljährigkeit ❸ Seit dem Autounfall ❹ Während des Urlaubssemesters ❺ Nach dem Schulabschluss ❻ Vor Einschreibung bei einer anderen Universität　2 ❶ Seit(dem) sie sich von ihrem Freund getrennt hat, isst sie nicht mehr richtig ❷ Solange/Während man studiert, kann man über die Eltern familienversichert sein ❸ Nachdem er es sich lange überlegt hatte, hat er sich zum Hochschulwechsel entschieden ❹ Sobald man ein Studium oder eine Ausbildung abgeschlossen hat, sollte man sich eine Arbeit suchen

45 원인문
Kausalsatz

원인의 전치사와 종속접속사로 표현할 수 있는 원인문에 대해 알아봅니다. 이러한 원인문은 aus welchem Grund, weshalb, weswegen, wieso, warum에 대한 대답을 표현해줍니다.

원인과 동기를 나타내는 표현

전치사 aufgrund + 2격(von) / angesichts + 2격	주로 어떤 결과의 원인/동기를 나타냅니다. Aufgrund von Glatteis auf den Straßen mussten Rettungsdienste gestern rund 70 mal ausrücken. 길 위의 빙판으로 인해 구조대들은 어제 대략 70번 출동해야 했다.
종속접속사 weil, da	= Weil auf den Straßen Glatteis war, mussten Rettungsdienste gestern rund 70 mal ausrücken. 길 위에 빙판이 있었기 때문에 구조대들은 어제 대략 70번 출동해야 했다.
전치사 aus	감정으로부터 발생된 의식적인 결과를 나타낼 때 주로 사용됩니다. Aus Nächstenliebe wollen wir Menschen in Not helfen. 이웃에 대한 사랑에서 우리는 어려움에 처한 사람들을 도우려 한다.
종속접속사 weil, da	= Weil wir Nächstenliebe empfinden, wollen wir Menschen in Not helfen. 우리는 이웃 사랑의 마음을 느끼기 때문에, 어려움에 처한 사람들을 도우려고 한다.
전치사 vor	감정으로부터 발생된 무의식적인 결과를 나타낼 때 주로 사용됩니다. Vor Angst hat das kleine Kind am ganzen Leib gezittert. 두려워서 그 어린아이는 온몸을 떨었다.
종속접속사 weil, da	= Weil das Kind Angst hatte, hat er am ganzen Leib gezittert. 두려움에 그 아이는 온몸을 떨었다.
전치사 wegen + 2격	원인을 나타내는 전치사 중 가장 많이 사용됩니다. Die Bahnstrecke Halle-Jena ist wegen der Überschwemmung vorübergehend gesperrt. 할레-예나 열차 구간은 홍수로 인해 잠정적으로 폐쇄되었다.
종속접속사 weil, da	= Weil die Bahnstrecke Halle-Jena überschwemmt wurde, ist sie vorübergehend gesperrt. 할레-예나 열차 구간이 침수됐기 때문에 잠정적으로 폐쇄되었다.
전치사 dank + 3격(2격)	긍정적인 원인(덕분에)을 표현할 때 사용합니다. Dank Zeugenaussagen hat man den verletzten Autofahrer eine Stunde nach dem Autounfall gefunden. 목격자의 진술 덕에 자동차 사고 한 시간 후 부상당한 운전자를 발견하였다.
종속접속사 weil, da	= Weil man als Zeuge ausgesagt hatte, hat man den verletzten Autofahrer eine Stunde nach dem Autounfall gefunden. 사람들이 목격자로서 진술했었기 때문에 자동차 사고 한 시간 후 부상당한 운전자를 발견하였다.

- 'wegen+2격'은 '2격+wegen'으로 쓰이기도 합니다.
  - 예 Die Bahnstrecke Halle-Jena ist der Überschwemmung wegen vorübergehend gesperrt.

- 전치사 dank, wegen은 원칙적으로 2격과도 결합이 가능하나, 구어체에서 3격을 선호합니다.

그 밖에 원인을 나타내는 표현

aus diesem Grund, daher, darum, denn, deshalb, deswegen, nämlich	Die Bahnstrecke Halle-Jena wurde überschwemmt. Darum ist sie vorübergehend gesperrt. 할레-예나 열차 구간은 침수됐다. 그래서 그것은 잠정적으로 폐쇄되었다. Die Bahnstrecke Halle-Jena ist vorübergehend gesperrt. Sie wurde nämlich überschwemmt. 할레-예나 열차 구간은 잠정적으로 폐쇄되었다. 왜냐하면 그것은 침수됐기 때문이다.

연습문제 ÜBUNGEN

1 다음 밑줄 친 전치사구를 부문장으로 바꾸세요. 🎧 **MP3** 067

❶ <u>Aus Mitleid mit den Katastrophenopfern</u> haben viele Europäer gespendet.

➡ _____, haben viele Europäer gespendet.

❷ Ich weinte <u>vor Freude über meine bestandene Abschlussprüfung</u>.

➡ Ich weinte, _____.

❸ <u>Wegen schlechten Wetters und akuter Lawinengefahr</u> musste die Rettung abgebrochen werden.

➡ _____, musste die Rettung abgebrochen werden.

2 다음 밑줄 친 부문장을 전치사구로 바꿔 전체 문장을 완성하세요. 🎧 **MP3** 068

❶ <u>Weil die Wettervorhersage falsch war</u>, waren zu wenige Gäste auf der Buchmesse.

➡ _____

❷ <u>Weil sie Angst vor dem nächsten Beben hatten</u>, haben viele Einheimische ihre Heimat verlassen.

➡ _____

❸ <u>Weil ich entsetzt über die Nachricht war</u>, konnte ich kaum ein Wort sprechen.

➡ _____

3 다음 문장을 주어진 단어를 사용한 문장으로 바꿔 완성하세요.

> Weil das Meerwasser sich erwärmt hat, ist der Meeresspiegel gestiegen.

❶ **denn**

➡ Der Meeresspiegel ist gestiegen. _____.

❷ **deswegen**

➡ Das Meerwasser hat sich erwärmt. _____.

❸ **nämlich**

➡ Der Meeresspiegel ist gestiegen. _____.

연습문제 정답 **1** ❶ Weil sie Mitleid mit den Katastrophenopfern hatten ❷ weil ich mich über meine bestandene Abschlussprüfung gefreut habe ❸ Weil das Wetter schlecht und die Lawinengefahr akut war **2** ❶ Aufgrund der falschen Wettervorhersage waren zu wenige Gäste auf der Buchmesse ❷ Aus Angst vor dem nächsten Beben haben viele Einheimische ihre Heimat verlassen ❸ Vor Entsetzen über die Nachricht konnte ich kaum ein Wort sprechen **3** ❶ Denn das Meerwasser hat sich erwärmt ❷ Deswegen ist der Meeresspiegel gestiegen ❸ Das Meerwasser hat sich nämlich erwärmt

46 목적문
Finalsatz

목적의 전치사와 종속접속사로 표현할 수 있는 목적문에 대해 알아봅니다. 이러한 목적문은 in welcher Absicht, mit welchem Ziel, mit welcher Absicht, warum, weshalb, weswegen, wieso, wofür, wozu, zu welchem Zweck에 대한 대답을 표현해줍니다.

목적을 나타내는 표현

전치사 für	Für die Reise nach Indien muss man sich gegen Typhus impfen lassen. 인도 여행을 위해 장티푸스 예방 접종을 맞아야 한다.
종속접속사 damit / um zu 부정형	= Man muss sich gegen Typhus impfen lassen, um nach Indien zu reisen. 인도로 여행하기 위해 장티푸스 예방 접종을 맞아야 한다.
전치사 zu	Zur Einreise nach Deutschland brauchen Koreaner kein Visum. 독일 여행을 위해 한국인은 비자가 필요하지 않는다.
종속접속사 damit / um zu 부정형	= Um nach Deutschland einzureisen, brauchen Koreaner kein Visum. 독일로 여행하기 위해 한국인은 비자가 필요하지 않는다.
전치사 zwecks + 2격	Eine große Anzahl an Südkoreanern unternimmt Reisen zwecks Erholung. 한국 사람의 상당수가 휴식을 목적으로 여행을 한다.
종속접속사 damit / um zu 부정형	= Eine große Anzahl an Südkoreanern unternimmt Reisen, um sich zu erholen. 한국 사람의 상당수가 쉬기 위해 여행을 한다.
전치사 mit dem Ziel / mit der Absicht / zum Zwecke + 2격	Die Reise wurde mit dem Ziel der Verbesserung der Beziehung zu meinen Eltern geplant. 그 여행은 나의 부모님과의 관계를 개선하기 위한 목적으로 계획되었다.
종속접속사 damit / um zu 부정형	= Die Reise wurde geplant, damit meine Beziehung zu meinen Eltern besser wird. 그 여행은 나의 부모님과의 관계를 개선하기 위해 계획되었다.

damit과 um zu 부정형 구문

damit	Koreaner brauchen kein Visum, damit sie nach Deutschland einreisen. 한국인은 독일 여행을 하기 위해 비자를 필요로 하지 않는다.
um zu 부정형	Koreaner brauchen kein Visum, um nach Deutschland einzureisen. 한국인은 독일로 여행하기 위해 비자를 필요로 하지 않는다..

- damit 문장은 um zu 부정형 구문으로 바꿔 쓸 수 있습니다. 단, 주문장의 주어와 damit 부문장의 주어가 같은 경우에만 가능합니다.

그 밖에 목적을 나타내는 표현

dafür, dazu, für dieses Ziel, zu diesem Zweck	In Korea sollen dieses Jahr noch mehr europäische Touristen erwartet werden. Dafür wird das Kulturministerium mehr kulturelle Aktivitäten finanziell unterstützen. 올해 한국에 유럽인 관광객이 훨씬 더 많이 늘어날 것으로 예상된다고 한다. 그것을 위해 문화부는 더 많은 문화 행사를 재정적으로 후원할 것이다.

연습문제 ÜBUNGEN

1 다음 밑줄 친 전치사구를 um … zu 부정형 구문으로 바꿔주세요.　🎧 **MP3** 069

❶ <u>Für den Kauf eines Grundstückes</u> muss man vor allem genügend Startkapital vorweisen.

➡ _____ , muss man vor allem genügend Startkapital vorweisen.

❷ <u>Zur Überzeugung</u> ist eine gute Argumentation mit Begründungen erfordert.

➡ _____ , ist eine gute Argumentation mit Begründungen erfordert.

❸ Am Flughafen hat die Polizei mich <u>zwecks Identitätsfeststellung</u> angehalten.

➡ Am Flughafen hat die Polizei mich angehalten, _____ .

2 다음 밑줄 친 um … zu 부정형 구문을 전치사구로 바꿔 문장을 완성하세요.　🎧 **MP3** 070

❶ <u>Um das Feuerwehrgerätehaus neu zu bauen</u>, hat die Stadt das Grundstück gekauft.

➡ für: _____

❷ Selbst im eigenen Haushalt können sinnvolle Maßnahmen getätigt werden, <u>um die Umwelt zu schützen</u>.

➡ zu: _____

❸ Die Polizei hat den Beschuldigten angehalten, <u>um das Strafverfahren durchzuführen</u>.

➡ zwecks: _____

3 다음 밑줄 친 주문장을 주어진 단어를 사용한 문장으로 바꿔 완성하세요.

❶ <u>Mein Freund spart viel Geld</u>, um eine lange Weltreise zu machen.

➡ dafür: Mein Freund will eine lange Weltreise machen. _____

_____

❷ <u>Meine Freundin braucht zuerst ein Visum</u>, um als Au-Pair nach Deutschland zu gehen.

➡ dazu: Meine Freundin möchte als Au-Pair nach Deutschland gehen. _____

_____

❸ <u>Ausländische Studenten müssen innerhalb von einem Jahr eine feste Arbeitsstelle finden</u>, um noch ein paar Jahre nach dem Abschluss in Deutschland zu bleiben.

➡ zu diesem Zweck: Viele ausländische Studenten wollen noch ein paar Jahre nach dem Abschluss in Deutschland bleiben. _____

_____

47 양보문
Konzessivsatz

양보문은 반대적 결과에 대한 조건 또는 상황을 나타내는 것으로 이 장에서는 양보의 전치사와 종속접속사로 표현할 수 있는 양보문에 대해 알아봅니다. 이러한 양보문은 trotz welchen Grundes, trotz welcher Umstände에 대한 답변을 나타냅니다.

양보를 나타내는 표현

전치사 trotz + 2격	Trotz der hohen Kosten werde ich auf die Weltreise nicht verzichten. 고비용에도 불구하고 난 세계 여행을 포기하지 않을 것이다.
종속접속사 obwohl / obgleich / obschon	= Obwohl die Weltreise viel kostet, werde ich darauf nicht verzichten. 세계 여행이 많은 비용이 들어감에도 불구하고 나는 이를 포기하지 않을 것이다.
전치사 ungeachtet + 2격	Ungeachtet der Gefahr von Terroranschläge besuchen noch viele Touristen Europa. 테러 공격의 위험에도 불구하고 여전히 많은 관광객들이 유럽을 방문한다.
종속접속사 obwohl / obgleich / obschon	= Obwohl es die Gefahr der Terroranschläge gibt, besuchen noch viele Touristen Europa. 테러 공격의 위험이 있음에도 불구하고 여전히 많은 관광객들이 유럽을 방문한다.

- 전치사 trotz는 원칙적으로 2격과 결합이 가능하나, 구어체에서는 3격을 선호합니다.

- 'ungeachtet + 2격'을 대신하여 'ungeachtet+ von 3격'도 가능합니다.
  - 예 Ungeachtet von der Gefahr von Terroranschläge besuchen noch viele Touristen Europa.

그 밖의 다양한 양보 표현

auch wenn / selbst wenn	Auch wenn der Passagier sein Ticket hatte, ist er aus der überbuchten Maschine gezerrt worden. 그 승객은 티켓을 가지고 있었음에도 불구하고, 초과 예약된 비행기에서 끌어내려졌다.
zwar…, aber	Zwar hatte der Passagier sein Ticket, aber er ist aus der überbuchten Maschine gezerrt worden. 그 승객은 티켓을 가지고 있기는 했지만, 초과 예약된 비행기에서 끌어내려졌다.
allerdings, dennoch, jedoch, trotzdem	Mit einer Pauschalreise kann man günstig und bequem reisen. Dennoch bevorzugen die meisten Jugendlichen eine Individualreise. 패키지 여행으로 저렴하고 편안하게 여행할 수 있다. 그럼에도 불구하고 대부분의 젊은 사람들은 개인 여행을 선호한다.

- wenn이 문장 맨 앞에 오는 경우 auch는 부문장의 주어 뒤에 위치합니다.
  - 예 Wenn der Passagier auch sein Ticket hatte, ist er aus der überbuchten Maschine gezerrt worden.

- zwar, aber 구문에서 zwar가 생략될 수 있습니다.
  - 예 Der Passagier hatte sein Ticket, aber er ist aus der überbuchten Maschine gezerrt worden.

연습문제 ÜBUNGEN

1 다음 밑줄 친 전치사구를 부문장으로 바꿔주세요. 🎧 MP3 071

❶ <u>Trotz Einnahme der Pille</u> können Frauen ungewollt schwanger werden.

➡ Frauen können ungewollt schwanger werden, _____.

❷ <u>Ungeachtet hoher Risiken</u> rauchen viele Frauen in Deutschland Zigaretten während der Schwangerschaft.

➡ _____, rauchen viele Frauen in Deutschland Zigaretten während der Schwangerschaft.

2 부문장을 주어진 전치사를 사용한 전치사구로 바꿔 전체 문장을 완성하세요. 🎧 MP3 072

❶ Die dauernden Kopfschmerzen waren unerträglich, <u>obwohl ich Schmerzmittel eingenommen habe</u>.

➡ trotz: _____

❷ Eine massive Hirnschädigung, z. B. durch eine schwere Kopfverletzung oder Hirnblutung, kann zum unumkehrbaren Hirnfunktionsausfall(Hirntod) des Patienten führen, <u>obwohl alle medizinischen Maßnahmen durchgeführt wurden</u>.

➡ ungeachtet: _____

_____

_____

3 밑줄 친 부문장을 주어진 단어들을 사용한 문장으로 바꿔 전체 문장을 완성하세요.

❶ <u>Obwohl Placebos nur Scheinmedikamente sind</u>, können sie Krankheiten heilen.

➡ auch wenn: _____

❷ <u>Obwohl Placebos keine Wirkstoffe enthalten</u>, können sie starke Wirkungen entfalten.

➡ zwar…, aber: _____

4 밑줄 친 주문장을 양보 부사 **trotzdem**을 사용한 문장으로 바꿔주세요.

<u>Leichte Krankheiten wie Asthma, Migräne oder Schuppenflechte gelten als unheilbar</u>, obwohl viele Industrieländer große Summe in die Forschung und Entwicklung neuer Medikamente investieren.

➡ Viele Industrieländer investieren große Summe in die Forschung und Entwicklung neuer Medikamente. _____

연습문제 정답 **1** ❶ obwohl sie die Pille einnehmen ❷ Obwohl die Risiken hoch sind **2** ❶ Die dauernden Kopfschmerzen waren trotz Einnahme der Schmerzmittel unerträglich ❷ Eine massive Hirnschädigung, z. B. durch eine schwere Kopfverletzung oder Hirnblutung, kann ungeachtet aller medizinischen Maßnahmen zum unumkehrbaren Hirnfunktionsausfall(Hirntod) des Patienten führen **3** ❶ Auch wenn Placebos nur Scheinmedikamente sind, können sie Krankheiten heilen ❷ Placebos enthalten zwar keine Wirkstoffe, aber sie können starke Wirkungen entfalten **4** Trotzdem gelten leichte Krankheiten wie Asthma, Migräne oder Schuppenflechte als unheilbar

109

48 조건문
Konditionalsatz

조건문은 사건 또는 상황에 대한 조건을 나타냅니다. 이 장에서는 조건의 전치사와 종속접속사로 표현할 수 있는 조건문에 대해 알아봅니다. 이러한 조건문은 unter welcher Bedingung, wann에 대한 답변을 나타냅니다.

조건을 나타내는 표현

전치사 bei	Bei Regen fällt die Exkursion aus und wird auf einen anderen Tag verschoben. 우천 시 그 소풍은 취소되고 다른 날로 미뤄질 것이다.
종속접속사 wenn, falls	=Wenn es regnet, fällt die Exkursion aus und wird auf einen anderen Tag verschoben. 비가 오면, 그 소풍은 취소되고 다른 날로 미뤄질 것이다.
전치사 im Fall(e) + 2격	Im Fall einer schweren Krankheit sollte man gleich einen Arzt aufsuchen. 중병일 경우 바로 의사를 찾아가야 한다.
종속접속사 wenn, falls	=Wenn man schwer krank ist, sollte man gleich einen Arzt aufsuchen. 심하게 아플 경우에, 바로 의사를 찾아가야 한다.
전치사 nur mit	Nur mit der finanziellen Unterstützung des DAAD kann ich weiterstudieren. DAAD(독일 학술 교류처)의 재정 지원으로만 나는 계속해서 학업을 이어갈 수 있다. =Nur wenn ich die finanzielle Unterstützung des DAAD bekomme, kann ich weiterstudieren. DAAD(독일 학술 교류처)의 재정 지원을 받는 경우에만 나는 계속해서 학업을 이어갈 수 있다.
종속접속사 nur wenn, sofern	=Sofern ich die finanzielle Unterstützung des DAAD bekomme, kann ich weiterstudieren. DAAD(독일 학술 교류처)의 재정 지원을 받는 한, 나는 계속해서 학업을 이어갈 수 있다.
전치사 ohne	Ohne Winterreifen müssen Autofahrer mit einem Bußgeld rechnen. 겨울용 타이어 없이는 운전자는 벌금을 물게 될 것이다. = Ein Fahrer muss mit einem Bußgeld rechnen, wenn sein Auto keine Winterreifen hat. 자동차에 겨울용 타이어가 없는 경우 운전자는 벌금을 물게 될 것이다.
종속접속사 wenn… nicht(kein) / außer wenn / es sei denn, (dass)	= Ein Fahrer muss mit einem Bußgeld rechnen, außer wenn sein Auto Winterreifen hat. 자동차에 겨울용 타이어가 없으면 운전자는 벌금을 물게 될 것이다. = Ein Fahrer muss mit einem Bußgeld rechnen, es sei denn, sein Auto hat Winterreifen. 자동차에 겨울용 타이어가 있지 않으면 운전자는 벌금을 물게 될 것이다.

- 'im Fall(e) + 2격'의 경우 '2격' 대신에 'von + 3격'이 사용될 수 있습니다.
  - 예 Im Falle von einer schweren Krankheit sollte man gleich einen Arzt aufsuchen.

그 밖의 다양한 조건 표현

andernfalls, sonst	In Deutschland müssen alle Autos versichert sein, andernfalls gibt es keine Zulassung. = In Deutschland müssen alle Autos versichert sein, sonst gibt es keine Zulassung. 독일에서 모든 자동차들은 보험이 있어야 한다. 그렇지 않으면 허가가 나지 않는다.

연습문제 ÜBUNGEN

1 다음 밑줄 친 전치사구를 부문장으로 바꿔 주세요. 🎧 **MP3** 073

❶ <u>Bei Schnee</u> sollte man einen großen Abstand zu vorausfahrenden Autos halten.

➡ _____, sollte man einen großen Abstand zu vorausfahrenden Autos halten.

❷ <u>Ohne schnelle Erste Hilfe bei dem plötzlichen Herzstillstand</u> hätte der 70–jährige nicht überleben können.

➡ _____,

hätte der 70–jährige nicht überleben können.

2 다음 밑줄 친 부문장을 전치사구로 바꿔 전체 문장을 완성하세요. 🎧 **MP3** 074

❶ <u>Wenn ein Unfall passiert</u>, wissen viele Autofahrer nicht, wie sie sich verhalten sollen.

➡ im Fall + 2격: _____

_____

❷ <u>Wenn Patienten nicht krankenversichert sind</u>, ist eine medizinische Behandlung unbezahlbar für sie.

➡ ohne: _____

_____

3 다음 주문장을 주어진 단어를 사용한 문장으로 바꿔 완성하세요.

> Ohne Versicherungsschutz werden Autofahrer in Deutschland bestraft.

❶ wenn kein···: In Deutschland werden Autofahrer bestraft, _____

_____

❷ außer wenn···: In Deutschland werden Autofahrer bestraft, _____

_____

❸ es sei denn: In Deutschland werden Autofahrer bestraft, _____

_____

연습문제 정답 **1** ❶ Wenn es schneit ❷ Wenn Erste Hilfe bei dem plötzlichen Herzstillstand nicht schnell geleistet worden wäre **2** ❶ Im Fall eines Unfalls wissen viele Autofahrer nicht, wie sie sich verhalten sollen ❷ Ohne Krankenversicherung ist eine medizinische Behandlung unbezahlbar für Patienten **3** ❶ wenn sie keinen Versicherungsschutz haben ❷ außer wenn sie Versicherungsschutz haben ❸ es sei denn, sie haben Versicherungsschutz

111

49 방법문
Modalsatz

방법문은 사건 또는 상황의 전제가 되는 수단과 방법을 나타내는 것으로 이 장에서는 방법의 전치사와 종속접속사로 표현할 수 있는 방법문에 대해 알아봅니다. 이러한 방법문은 auf welche Art, auf welche Weise, wie, wodurch에 대한 답변을 나타냅니다.

방법을 나타내는 표현

전치사 durch	Durch ein Praktikum im Ausland können Studenten bessere Berufsaussichten haben. 해외 실습을 통해 대학생들은 더 나은 직업 전망을 가질 수 있다.
종속접속사 dadurch, dass / indem	=Studenten können bessere Berufsaussichten dadurch haben, dass sie ein Praktikum im Ausland machen. 대학생들은 해외 실습을 하는 것을 통해 더 나은 직업 전망을 가질 수 있다.
전치사 mit	Mit der finanziellen Unterstützung meiner Eltern konnte ich das Studium abschließen. 우리 부모님의 재정적 지원으로 나는 학업을 마칠 수 있었다.
종속접속사 dadurch, dass / indem	=Ich konnte das Studium abschließen, indem meine Eltern mich finanziell unterstützten. 나는 우리 부모님께 재정적 지원을 받아 학업을 마칠 수 있었다.
전치사 mittels + 2격	Mittels der Spiele kann das Selbstbewusstsein der Kinder gefördert werden. 놀이로 아이들의 자신감이 증진될 수 있다.
종속접속사 dadurch, dass / indem	=Dadurch, dass Kinder spielen, kann ihr Selbstbewusstsein gefördert werden. 아이들이 노는 것을 통해, 그들의 자신감이 증진될 수 있다.
전치사 ohne	Ich habe die Arbeit selbständig und ohne fremde Hilfe verfasst. 나는 이 논문을 다른 도움 없이 스스로 작성했다.
종속접속사 ohne dass (ohne … zu 부정형)	=Ich habe die Arbeit selbständig verfasst, ohne dass mir jemand geholfen hat. 나는 이 논문을 누가 나를 도와주는 일 없이 스스로 작성했다.

그 밖의 다양한 방법 표현

dadurch, damit, so	Mein Vater hat mich finanziell unterstützt. Dadurch konnte ich das Studium abschließen. 우리 아버지는 나를 재정적으로 지원해 주셨다. 그것으로 나는 학업을 마칠 수 있었다.

1 다음 밑줄 친 전치사구를 부문장으로 바꿔주세요. 🎧 MP3 075

❶ <u>Durch die Nutzung der Mehrwegflaschen</u> kann man Verpackungsmüll reduzieren.

➡ Man kann Verpackungsmüll reduzieren, _____.

❷ <u>Mit der Einführung des Pfandsystems bei Getränkeverpackungen</u> wurde dem Problem des Plastikabfalls entgegengewirkt.

➡ _____, wurde dem Problem des Plastikabfalls entgegengewirkt.

❸ <u>Ohne finanzielle Unterstützung</u> konnte mein Freund *Kyunghan* sein Studium in Wien abschließen.

➡ Mein Freund *Kyunghan* konnte sein Studium in Wien abschließen, _____

_____.

2 밑줄 친 전치사구를 dardurch dass/ohne dass 부문장으로 바꿔 전체 문장을 완성하세요. 🎧 MP3 076

❶ <u>Durch die weltweite Abholzung der Wälder</u> verändert sich das Klima und die Umwelt wird geschädigt.

➡ _____

❷ <u>Mit Entwicklung neuer Autotechnik</u> wurde die Luftverschmutzung deutlich reduziert.

➡ _____

❸ <u>Ohne Umweltschutz</u> ist eine Verbesserung der Lebensqualität undenkbar.

➡ _____

3 다음 문장을 방법 부사 damit을 사용한 문장으로 바꿔 주세요.

Studenten können Geld bekommen, indem sie sich um ein Stipendium bewerben.

➡ _____

연습문제 정답 **1** ❶ indem/dadurch dass man Mehrwegflaschen benutzt ❷ Dadurch dass das Pfandsystem bei Getränkeverpackungen eingeführt wurde ❸ ohne dass jemand ihn finanziell unterstützt hatte **2** ❶ Dadurch dass die Wälder weltweit abgeholzt werden, verändert sich das Klima und die Umwelt wird geschädigt ❷ Dadurch dass neue Autotechnik entwickelt wurde, wurde die Luftverschmutzung deutlich reduziert ❸ Eine Verbesserung der Lebensqualität ist undenkbar, ohne dass man die Umwelt schützt. **3** Studenten bewerben sich um ein Stipendium. Damit können sie Geld bekommen.

50 결과문
Konsekutivsatz

결과문은 결과적 사건과 상황을 나타내는 것으로 이 장에서는 결과의 전치사와 종속접속사로 표현할 수 있는 결과문에 대해 알아봅니다.

결과를 나타내는 표현

전치사 infolge + 2격(von + 3격)	Infolge Hagels (=Infolge von Hagel) wurden Bäume umgestürzt und auch viele Autos beschädigt. 우박으로 나무들이 쓰러졌고 또 많은 자동차들이 손상되었다.
종속접속사 sodass	= Es hat gehagelt, sodass Bäume umgestürzt und auch viele Autos beschädigt wurden. 우박이 내려서 나무들이 쓰러졌고 또 많은 자동차들이 손상되었다.

- 부문장은 결과적 사건과 상황을 나타내고 전치사구는 원인을 나타냅니다.

- 'infolge + 2격'을 'wegen + 2격'으로 바꿔 비슷한 표현을 만들 수 있습니다.
    - 예 Infolge der heftigen Regenfälle ist es auf der A 20 zu mehreren Unfällen gekommen.
      폭우의 결과로 A 20도로에서 여러 사고들이 발생했다.
    - 예 Wegen der heftigen Regenfälle ist es auf der A 20 zu mehreren Unfällen gekommen.
      폭우 때문에 A 20도로에서 여러 사고들이 발생했다.

sodass 구문

- sodass는 so dass로 사용할 수 있습니다.
    - 예 Es hat gehagelt, so dass Bäume umgestürzt und auch viele Autos beschädigt wurden.

- 주문장에 형용사가 오는 경우 so가 형용사 앞에 위치할 수 있습니다.
    - 예 Es hat so stark gehagelt, dass Bäume umgestürzt und auch viele Autos beschädigt wurden.
      심하게 우박이 내려서 나무들이 쓰러졌고 또한 많은 자동차들이 손상되었다.

- 주문장에 명사가 오는 경우 관사 solch-(derartig-)가 명사 앞에 위치할 수 있습니다.
    - 예 Meine Kinder hatten solches Fieber, dass wir unseren Familienurlaub verschieben mussten.
      우리 아이들이 열이 있어서, 우리는 가족 휴가를 미뤄야만 했다.

그 밖의 다양한 결과 표현

also, aus diesem Grund, daher, darum, deshalb, deswegen, folglich, infolgedessen	Es hat gehagelt. Folglich wurden Bäume umgestürzt und auch viele Autos beschädigt. 우박이 내렸다. 결과로 나무들이 쓰러졌고 또 많은 자동차들이 손상되었다.

연습문제 ÜBUNGEN

1 박스 안에 있는 표현들을 사용하여 같은 의미의 문장으로 만드세요.

🎧 **MP3** 077

> so dass / so + 형용사, dass / solch- + 명사, dass (중복 허용)

❶ Infolge von ausgefallenen Ampelanlagen gab es an der Kreuzung viele Unfälle.

➡ _____

❷ Infolge des Stromausfalls ist die Strecke zwischen Augustusplatz und Connewitz zurzeit unterbrochen.

➡ _____

❸ Infolge heftigen Regens im Juli ist ein großer Teil der Ernte verloren gegangen.

➡ _____

❹ Infolge von Kopfschmerzen wollte ich meinen Prüfungstermin verschieben.

➡ _____

2 다음 문장을 전치사구 'infolge + 2격' 또는 infolge von + 3격을 사용한 문장으로 바꿔주세요.

❶ Die Ölpreise sind gestiegen, so dass mehr erneuerbare Energien erwartet werden.

➡ _____

❷ Ich habe so stark abgenommen, dass ich keinen Appetit mehr habe.

➡ _____

❸ Ich habe solche Magenprobleme, dass ich keine Milchprodukte essen darf.

➡ _____

3 다음 문장을 결과를 나타내는 부사인 infolgedessen을 사용한 문장으로 바꿔주세요.

> Infolge schwülen und trocknen Wetters im letzten Sommer sind viele Obdachlose ums Leben gekommen.
>
> ➡ _____
>
> _____

연습문제 정답 **1** ❶ Die Ampelanlagen waren ausgefallen, so dass es an der Kreuzung viele Unfälle gab. ❷ Der Strom ist ausgefallen, so dass die Strecke zwischen Augustusplatz und Connewitz zurzeit unterbrochen ist. ❸ Im Juli hat es so heftig geregnet, dass ein großer Teil der Ernte verloren gegangen ist. ❹ Ich hatte solche Kopfschmerzen, dass ich meinen Prüfungstermin verschieben wollte. **2** ❶ Infolge steigender Ölpreise werden mehr erneuerbare Energien erwartet ❷ Infolge starker Gewichtsabnahme habe ich keinen Appetit mehr. ❸ Infolge von Magenproblemen darf ich keine Milchprodukte essen. **3** Im letzten Sommer war das Wetter schwül und trocken. Infolgedessen sind viele Obdachlose ums Leben gekommen.

51 반의문
Adversativsatz

반의문은 반대되거나 대체되는 대상 또는 상황, 사건을 나타냅니다. 이 장에서는 반의의 전치사와 종속접속사로 표현할 수 있는 반의문에 대해 알아봅니다.

반의를 나타내는 표현

전치사 entgegen + 3격	Entgegen meiner Erwartung war das Wetter in Italien sehr wechselhaft.
종속접속사 während	내 기대와는 달리 이탈리아의 날씨는 매우 변덕스러웠다.
전치사 im Gegensatz zu / im Unterschied zu / im Vergleich zu / verglichen mit	Im Gegensatz zu Korea ist Japan sehr stark von Erdbeben betroffen. 한국과는 반대로 일본은 매우 심하게 지진의 영향을 받는다. Während Korea von Erdbeben nicht betroffen ist, ist Japan sehr stark davon betroffen.
종속접속사 während	한국은 지진으로부터 영향을 받지 않는 반면에, 일본은 그것으로부터 매우 심하게 영향을 받는다.
전치사 (an)statt + 2격 / anstelle + 2격	Fluggäste müssen beim Boarding anstatt des Personalausweises den Reisepass vorzeigen. 비행기 승객들은 탑승 시 신분증 대신에 여권을 제시해야만 한다.
종속접속사 (an)statt dass / (an)statt zu 동사 원형	Fluggäste müssen beim Boarding den Reisepass vorlegen, anstatt den Personalausweis vorzuzeigen. 비행기 승객들은 탑승 시 신분증을 제시하는 것 대신에 여권을 제시해야만 한다.

그 밖의 다양한 반의 표현

zwar…, aber…	Das Reisepaket war zwar teuer, aber es war nicht befriedigend. 그 여행 패키지가 비싸기는 했지만, 만족스럽지 않았다.
doch	Das Reisepaket war teuer, doch es war nicht befriedigend. 그 여행 패키지는 비쌌지만, 만족스럽지 않았다.
nicht…, sondern…	Das Reisepaket war nicht befriedigend, sondern es war enttäuschend. 그 여행 패키지는 만족스럽지 않고 되려 실망스러웠다.
dagegen / demgegenüber / jedoch / hingegen, stattdessen	Bei den meisten Fluggesellschaften ist das Essen im Flugpreis enthalten. Bei einigen Fluggesellschaften dagegen ist das Essen nicht im Flugpreis inbegriffen. 대부분의 항공사들의 경우 식사가 티켓 요금에 포함되어 있다. 이와 반대로 몇몇 항공사들의 경우 식사가 티켓 요금에 포함되어 있지 않다.

- aber, doch, sondern은 등위접속사로 사용되었으므로 문장 순서에 유의하세요.

연습문제 ÜBUNGEN

1 빈칸에 알맞은 표현을 넣어 문장을 완성하세요. 🎧▶ MP3 078

im Gegensatz zu / entgegen

❶ _____ meiner Vorstellung waren die durchschnittlichen Lebensunterhaltungskosten in Deutschland nicht so hoch.

❷ _____ Deutschland gibt es in Südkorea nur wenige mittelständische Unternehmen.

2 다음 문장을 주어진 단어들을 사용하여 독일어로 작문하세요. 🎧▶ MP3 079

❶ 예상과는 달리 휘발유 가격이 다시 크게 올랐다.

➡ Entgegen _____.

❷ 독일과 비교해 볼 때에 한국에서의 생활비가 약간 더 높다.

➡ Im Vergleich _____.

3 빈칸에 **während**와 **anstatt dass, stattdessen** 중 알맞은 표현을 넣으세요. 🎧▶ MP3 080

❶ _____ in Korea das Angebot an qualifizierten Arbeitskräften stark angestiegen ist, ist die Nachfrage nach diesen Arbeitskräften in den letzten Jahren gesunken.

❷ _____ mein Freund für sein Aufbaustudium in die USA geht, bewirbt er sich um einen Studienplatz an einer deutschen Hochschule.

❸ Viele junge Berufstätige wollen ihren Job kündigen und _____ um die Welt reisen.

4 다음 문장을 주어진 표현을 사용한 문장으로 바꿔주세요.

❶ Während die Europareise ermüdend war, war sie die Mühe wert.

➡ zwar…, aber: _____

❷ Es zählt nicht, wohin man verreist. Es zählt, mit wem man verreist.

➡ 부정어(nicht, sondern): _____

5 빈칸에 **stattdessen**과 **dagegen** 중 알맞은 단어를 넣으세요.

Im Preis einer Pauschalreise sind meistens Essen und Übernachtung enthalten.

➡ _____ muss man bei einer Individualreise alle Einzelleistungen selber buchen und bezahlen.

연습문제 정답 **1** ❶ Entgegen ❷ Im Gegensatz zu **2** ❶ der Erwartung ist der Ölpreis wieder stark gestiegen ❷ zu Deutschland sind die Lebensunterhaltungskosten in Südkorea etwas höher **3** ❶ Während ❷ Anstatt dass ❸ stattdessen **4** ❶ Die Europareise war zwar ermüdend, aber sie war die Mühe wert ❷ Es zählt nicht, wohin man verreist, sondern mit wem **5** Dagegen

117

52 비례문
Proportionalsatz

비례문은 특정 상황이나 결과에 대한 근거 또는 기준을 나타냅니다.

비례를 나타내는 표현

전치사 entsprechend + 3격	Mitarbeiter meiner Firma werden entsprechend ihrer tatsächlichen Leistung bezahlt. 우리 회사의 직원들은 그들의 성과에 따라 임금을 받는다.
종속접속사 je 비교급, desto(umso) 비교급 / je nachdem	Je bessere Leistung Mitarbeiter meiner Firma zeigen, desto höheren Lohn erhalten sie. 우리 회사의 직원들은 더 나은 성과를 보일수록, 더 높은 임금을 받는다.
전치사 je nach	Je nach Handytarif variiert die Größe des zur Verfügung stehenden Datenvolumens. 핸드폰 요금에 따라 사용 가능한 데이터 용량이 달라진다.
종속접속사 je 비교급, desto(umso) 비교급 / je nachdem	Je höher der Handytarif ist, umso größeres Datenvolumen steht zur Verfügung. 핸드폰 요금이 높을수록 더 많은 데이터 용량을 사용할 수 있다. Je nachdem, wie hoch der Handytarif ist, variiert die Größe des Datenvolumens. 얼마나 높은 핸드폰 요금이냐에 따라 데이터 용량이 달라진다.

- 'entsprechend + 3격'은 '3격 + entsprechend'로 순서를 바꿔 사용할 수 있습니다.
    - 예 Mitarbeiter meiner Firma werden entsprechend ihrer tatsächlichen Leistung bezahlt.
        = Mitarbeiter meiner Firma werden ihrer tatsächlichen Leistung entsprechend bezahlt.

je desto 구문

- je 문장은 부문장이므로 동사가 문장 마지막에 위치하며, desto 문장은 주문장이므로 동사가 비교급 다음에 위치합니다.
    - 예 Je bessere Leistung Mitarbeiter meiner Firma <u>zeigen</u>, desto höheren Lohn <u>erhalten</u> sie.
- 구어체에서는 축약된 표현이 자주 사용됩니다.
    - 예 Je länger die Arbeitszeit, desto mehr das Gehalt. 노동 시간이 길수록, 임금은 더 많아진다.
        Wann soll ich Sie zurückrufen? Je schneller, desto besser. 언제 다시 전화 드릴까요? 더 빠를수록 좋아요.

연습문제 ÜBUNGEN

1 다음 밑줄 친 전치사구를 비례 부문장으로 바꿔 문장을 완성하세요.

❶ Der Preis eines Produktes wird <u>entsprechend der Qualität</u> berechnet.

➡ _____

❷ Preise für den Versand von Paketen werden <u>je nach Gewicht</u> berechnet.

➡ _____

2 다음 두 문장을 비례 부문장을 사용하여 하나의 문장으로 완성하세요. 🎧 **MP3** 081

❶ Die Babys sind bei der Geburt schwer. / Ihr Gehirn ist groß.

➡ _____

❷ Die Etage ist hoch. / Der Ausblick ist gut.

➡ _____

❸ Die Wohnung liegt nah an der Stadt. / Die Miete ist teuer.

➡ _____

❹ Man beherrscht viele Sprachen. / Man lernt die nächste Sprache leicht.

➡ _____

3 다음 조건문을 비례 부문장을 사용한 문장으로 바꿔주세요.

❶ Wenn man lange sitzt, ist das Risiko für Herz-Kreislauferkrankungen hoch.

➡ _____

❷ Wenn ein Kabel dick ist, kann es hohe Stromstärken vertragen.

➡ _____

❸ Wenn die Kinder jung sind, ist der Aufwand der Betreuung hoch.

➡ _____

❹ Wenn es viele Bewerber auf eine Stelle gibt, sind die Auswahlmöglichkeiten groß.

➡ _____

📝 작문 ❶ 페이스북 친구가 많을수록 더 외로워진다.

_____

❷ 땀(Schweiß)을 많이 흘릴수록 지방이 더 많이 연소된다.

_____

❸ (동사 없는 구문) 비쌀수록 더 좋다.

연습문제 정답 **1** ❶ Je besser die Qualität ist, desto höher ist der Preis eines Produktes. ❷ Je schwerer ein Paket ist, desto höher ist der Preis für den Versand. **2** ❶ Je schwerer Babys bei der Geburt sind, desto größer ist ihr Gehirn. ❷ Je höher die Etage ist, desto besser ist der Ausblick. ❸ Je näher an der Stadt die Wohnung liegt, desto teurer ist die Miete. ❹ Je mehr Sprachen man beherrscht, desto leichter lernt man die nächste Sprache. **3** ❶ Je länger man sitzt, desto höher ist das Risiko für Herz-Kreislauferkrankungen. ❷ Je dicker ein Kabel ist, desto höhere Stromstärken kann es vertragen. ❸ Je jünger die Kinder sind, desto höher ist der Aufwand der Betreuung. ❹ Je mehr Bewerber es auf eine Stelle gibt, desto größer sind die Auswahlmöglichkeiten. 작문 ❶ Je mehr Facebook-Freunde man hat, desto einsamer fühlt man sich. ❷ Je mehr Schweiß fließt, desto mehr Fett wird verbrannt. ❸ Je teurer, desto besser.

간접 화법의 도입부
Einleitung der indirekten Rede

간접 화법의 도입(~에 따르면, ~에 의하면)을 표현하는 법에 대해 배웁니다.

간접 화법의 도입을 나타내는 표현

전치사 gemäß + 3격	전치사구와 문장 나머지 부분의 의미적 관계가 다소 느슨한 경우에 주로 사용됩니다.
종속접속사 wie… behaupten (behaupten/betonen…)	Deutschkurse sind gemäß dem CEFR in 6 Niveaustufen eingeteilt. 독일어 과정은 CEFR에 따라 6개의 단계들로 나뉘어 있다. Wie der CEFR beschreibt, sind Deutschkurse in 6 Niveaustufen eingeteilt. CEFR에서 묘사하는 것처럼, 독일어 과정은 6개의 단계로 나뉘어 있다. *CEFR = Common European Framework of Reference for Languages 유럽 언어 공통 기준
전치사 laut + 2격	제3자의 견해나 기록 매체의 내용을 (그대로) 재현하는 경우에 주로 사용됩니다.
종속접속사 wie… sagen (behaupten/betonen…)	Laut des Zeitungsberichts kamen 2015 1,5 Millionen Flüchtlinge nach Deutschland. 신문 보도에 따르면 2015년에 150만 명의 난민이 독일로 왔다. Wie die Zeitung berichtet, kamen 2015 1,5 Millionen Flüchtlinge nach Deutschland. 신문이 보도한 대로, 2015년에 150만 명의 난민이 독일로 왔다. Laut Jugendschutzgesetzes dürfen keine Tabakwaren an Jugendliche abgegeben werden. 청소년 보호법에 의하면 담배류는 청소년에게 판매되서는 안 된다. Wie im Jugendschutzgesetz steht, dürfen keine Tabakwaren an Jugendliche abgegeben werden. 청소년 보호법에 명시되어 있듯이, 담배류는 청소년에게 판매되서는 안 된다.
전치사 nach + 3격	제3자의 견해나 기록 매체의 내용을 의미에 맞게 전달하는 경우에 주로 사용됩니다.
종속접속사 wie… sagen (behaupten/betonen…)	Meiner Meinung nach sollten koreanische Schulen auf Schuluniformen verzichten. 내 생각에는 한국 학교는 교복을 폐지해야 한다. Wie ich meine, sollten koreanische Schulen auf Schuluniformen verzichten. 내가 생각하는 바와 같이, 한국 학교는 교복을 폐지해야 한다.
전치사 zufolge + 2격 / 3격	제3자 혹은 기록 매체가 상황 또는 사건의 결과를 알려주는 경우에 주로 사용됩니다.
종속접속사 wie… sagen (behaupten/betonen…)	Einer Nachricht zufolge wurden im letzten Jahr 500,000 Arbeitsplätze geschaffen. 어느 기사에 따르면 작년에 50만 개의 일자리가 창출되었다. Wie die Nachricht berichtet, wurden im letzten Jahr 500,000 Arbeitsplätze geschaffen. 기사가 보도하듯이 작년에 50만 개의 일자리가 창출되었다.

- nach, gemäß는 모두 전치나 후치가 가능합니다.

- nach + 3격 = 3격 + nach / gemäß + 3격 = 3격 + gemäß

- laut는 문법상 2격을 요구하고, 경우에 따라 3격이 사용되는 경우도 있습니다. 관사는 주로 생략됩니다.
  - **예** Laut (dem) Zeitungsbericht kamen 2015 1,5 Millionen Flüchtlinge nach Deutschland.

- zufolge는 전치할 경우 2격과, 후치할 경우 3격과 결합합니다.

- zufolge + 2격 / 3격 + zufolge

1 밑줄 친 주문장을 전치사구로 바꿔 전체 문장을 완성하세요.

🎧 **MP3** 082

❶ <u>Das Statistische Bundesamt gibt an</u>, dass sich der Anteil der ausländischen Studenten in Deutschland von 1990 bis 2016 fast verdreifacht hat.

➡ Laut _____

_____

❷ <u>Das Statistische Bundesamt gibt an</u>, dass das durchschnittliche Heiratsalter im Jahr 2015 für Männer bei 33,8 Jahren und für Frauen bei 31,2 Jahren liegt.

➡ _____ zufolge _____

_____

2 밑줄 친 전치사구를 주어진 동사를 사용한 부문장으로 바꿔 전체 문장을 완성하세요.

❶ <u>Laut Bericht von südkoreanischen Medien</u> soll ein Großteil der koreanischen Mitarbeiter in China entlassen werden.

➡ berichten: _____

❷ <u>Meiner Meinung nach</u> sollte Deutschland Flüchtlinge weiterhin aufnehmen, aber nur mit einer Begrenzung.

➡ meinen: _____

❸ <u>Einer Umfrage zufolge</u> würden nur etwa 10 % der Deutschen Flüchtlinge weiterhin ohne Begrenzung aufnehmen.

➡ ergeben: _____

_____

📍작문 (주어진 단어를 사용) 어느 언론 보도에 따르면 그 두 정당이 합병할(sich vereinigen) 것이라고 한다.

zufolge: _____

연습문제 정답 **1** ❶ Angaben des Statistischen Bundesamtes hat sich der Anteil der ausländischen Studenten in Deutschland von 1990 bis 2016 fast verdreifacht ❷ Den Angaben des Statistischen Bundesamtes zufolge liegt das durchschnittliche Heiratsalter im Jahr 2015 für Männer bei 33,8 Jahren und für Frauen bei 31,2 Jahren **2** ❶ Wie südkoreanische Medien berichten, soll ein Großteil der koreanischen Mitarbeiter in China entlassen werden ❷ Wie ich meine, sollte Deutschland Flüchtlinge weiterhin aufnehmen, aber nur mit einer Begrenzung ❸ Wie eine Umfrage ergibt, würden nur etwa 10 % der Deutschen Flüchtlinge weiterhin ohne Begrenzung aufnehmen 작문 Einer Pressemitteilung zufolge sollen sich die beiden Parteien vereinigen

54 명사와 동사의 결합
Nomen-Verb-Verbindungen

동사가 명사와 강하게 결합되어 숙어처럼 사용되는 동사를 기능 동사(Funktionsverb)라고 합니다. 이 장에서는 다양한 기능 동사들이 어떻게 명사와 결합되어 사용되는지에 대해 알아봅니다.

명사와 동사의 결합과 기능 동사

명사 + 기능 동사	기능 동사가 명사와 결합해 기능 동사구(Funktionsverbgefüge)를 만듭니다.
	eine Entscheidung treffen 결정을 내리다 (=entscheiden)

기능 동사의 종류

동사 + 4격	abschließen, ausüben, anstellen, begehen, erfahren, ergreifen, erhalten, erheben, erregen, erteilen, finden, legen, leisten, machen, schließen, treffen, treiben, üben …
	Durch Ratschläge kann man relativ gute Entscheidungen treffen. 조언들을 통해 비교적 좋은 결정들을 내릴 수 있다.
동사 + 전치사구	sich befinden, bleiben, bringen, fallen, gehen, gelangen, geraten, kommen, liegen, sein, setzen, stehen, treten, versetzen …
	Arbeiten neben dem Studium kommt für mich gar nicht in Frage. 학업에 병행하여 일하는 것은 나에게 있어 고려 대상이 아니다.
동사 + 4격 / + 전치사구	fassen, führen, geben, haben, halten, nehmen, stellen, ziehen …
	Abstand halten 간격을 두다, in Ordnung halten 정리하다

기능 동사구의 특징

- 서술어의 의미를 나타내며 하나의 동사로 치환이 가능합니다.
  - 예 eine Antwort geben = beantworten

    Mein Mann gibt mir manchmal keine Antwort, wenn ich ihn etwas frage.
    내 남편은 내가 그에게 무언가를 물으면 종종 답을 하지 않는다.

    Mein Mann beantwortet manchmal meine Frage nicht. 우리 남편은 종종 내 질문에 답을 하지 않는다.

- 대부분의 경우 기능 동사구의 명사는 치환될 수 있는 동사(서술어)와 비슷한 형태를 지닙니다.
  - 예 Kritik üben = kritisieren / Hoffnung haben = hoffen / eine Frage stellen = fragen

    An der Darstellung von Gewalt im Film wurde viel Kritik geübt. 영화에서의 폭력 묘사에 대한 많은 비판이 있었다.

    Die Darstellung von Gewalt im Film wurde viel kritisiert. 영화에서의 폭력의 묘사는 많은 비판을 받았다.

- 몇몇 기능 동사구의 명사는 전혀 다른 형태의 서술어로 대체됩니다
  - 예 einen Vertrag abschließen = unterschreiben / vor Gericht bringen = verklagen

    Bevor man einen Vertrag abschließt, muss er vorsichtig durchgelesen werden.
    계약을 하기 전에, 계약서는 신중하게 읽혀져야 한다.

    Bevor man unterschreibt, muss ein Vertrag vorsichtig durchgelesen werden.
    서명을 하기 전에, 계약서는 신중하게 읽혀져야 한다.

- 수동의 의미를 나타내는 경우도 있습니다.
  - 예 Anerkennung finden = anerkannt werden

Der koreanische Film 'Old Boy' hat in Deutschland Anerkennung gefunden.
한국 영화 '올드보이'는 독일에서 인정을 받았다.

Der koreanische Film 'Old Boy' wurde in Deutschland anerkannt.
한국 영화 '올드보이'는 독일에서 인정받게 되었다.

• 학문적인 글, 기사 등 공적인 언어에 주로 사용됩니다.

  예 Im Film 'Crossing' nimmt ein Nordkoreaner von seiner Familie Abschied.
  영화 '크로싱'에서 한 북한 사람이 그의 가족과 작별을 한다.

연습문제 ÜBUNGEN

1 빈칸에 알맞은 기능 동사구를 넣으세요.

> zu Ende bringen / Beziehungen aufnehmen / eine Wahl treffen
> zur Verfügung stehen / Stellung nehmen / in Druck gehen / Rücksicht nehmen

❶ Im Prüfungsteil 'Schriftlicher Ausdruck' der TestDaf muss man zu einem Thema oder zu einer Aussage _____ und die Stellungnahme begründen.

❷ Die Hankuk Universität für Fremdsprachen hat _____ zu der Universität Leipzig _____.

❸ Das Grammatikbuch _____ spätestens Ende Juni _____.

❹ Die Finanzierung durch BaföG _____ für ausländische Studenten nicht _____.

❺ Nach der einstündigen Verteidigung meiner Masterarbeit hat der Prüfungsausschuss das Kolloquium _____.

❻ Ich muss zwischen Voll- und Teilzeitarbeit _____.

❼ Kinder müssen lernen, auf Kranke und Schwache _____ zu _____.

2 다음 밑줄 친 부분을 주어진 기능 동사구를 사용한 문장으로 바꿔 전체 문장을 완성하세요.

❶ Ich habe mich entschlossen, mein Unterrichtspraktikum als Deutschlehrer an meiner Universität in Korea zu absolvieren.

  ➡ den Entschluss fassen: _____

❷ Mein Chef hat mich beauftragt, bis Mitte Juni ein Grammatikbuch zu schreiben.

  ➡ einen Auftrag geben: _____

❸ Der 75-Jährige ist 10 Minuten nach einer Herzattacke wieder aus der Ohnmacht erwacht.

  ➡ zu Bewusstsein kommen: _____

❹ Ein Studium in Deutschland war mein großer Traum und dieser Traum hat sich wirklich erfüllt.

  ➡ in Erfüllung gehen: _____

연습문제 정답 **1** ❶ Stellung nehmen ❷ Beziehungen / aufgenommen ❸ geht / in Druck ❹ steht / zur Verfügung ❺ zu Ende gebracht ❻ eine Wahl treffen ❼ Rücksicht / nehmen **2** ❶ Ich habe den Entschluss gefasst, mein Unterrichtspraktikum als Deutschlehrer an meiner Universität in Korea zu absolvieren ❷ Mein Chef hat mir einen Auftrag gegeben, bis Mitte Juni ein Grammatikbuch zu schreiben ❸ Der 75-Jährige ist 10 Minuten nach einer Herzattacke wieder zu Bewusstsein gekommen ❹ Ein Studium in Deutschland war mein großer Traum und dieser Traum ist wirklich in Erfüllung gegangen

명사화 1
Nominalisierung 1

동사가 포함된 하나의 문장을 명사구로 바꿔 쓸 때 해당 동사나 형용사 등을 명사 및 명사구로 변환시키는 것을 명사화(Nominalisierung)라고 합니다. 이는 정치, 경제를 비롯한 학술적인 글 또는 난이도 있는 글에 주로 사용됩니다.

명사화

동사 / 형용사 / 기능 동사구 / 문장	명사
schlafen 자다	der Schlaf 수면
frech 뻔뻔스러운	die Frechheit 뻔뻔스러움

> 예 Es wird wieder über die Ursachen von Wasserverschwendung und Wasserknappheit diskutiert.
> 다시 물 낭비와 물 부족의 원인에 대해 토론되고 있다.

명사화 형태에 따른 구분

동사의 어간으로부터 만들어진 명사	kritisieren - die Kritik, fragen - die Frage, glauben - der Glaube, vorschlagen - der Vorschlag, widersprechen - der Widerspruch
동사 어간에 특정 어미 -ung이 붙어 만들어진 명사	erwarten - die Erwartung, hoffen - die Hoffnung, meinen - die Meinung, üben - die Übung
동사의 원형으로부터 만들어진 명사	essen - das Essen, kochen - das Kochen, lesen - das Lesen, schwimmen - das Schwimmen, treffen - das Treffen
화법조동사의 의미를 나타내는 명사	dürfen - die Erlaubnis, können - die Fähigkeit / die Möglichkeit, müssen - die Notwendigkeit
형용사로부터 만들어진 명사화	fähig - die Fähigkeit, jung - der Junge, krank - die Krankheit, nah - die Nähe
기능 동사구로부터 만들어진 명사	Frieden schließen - der Friedensschluss, In Kraft treten - das Inkrafttreten, Stellung nehmen - die Stellungnahme
문장으로부터 만들어진 (합성)명사	Man beschreibt die Grafik. - die Grafikbeschreibung, Man bucht das Ticket. - die Ticketbuchung

연습문제 ÜBUNGEN

1 다음 단어들로부터 파생된 명사를 성과 함께 적어주세요.

❶ streiten ➡ _____, fliegen ➡ _____, abfahren ➡ _____

❷ versöhnen ➡ _____, entstehen ➡ _____

❸ waschen ➡ _____, baden ➡ _____, leben ➡ _____

❹ dürfen ➡ _____, können ➡ _____, müssen ➡ _____

❺ ähnlich ➡ _____, frei ➡ _____, süß ➡ _____

❻ einen Kampf führen ➡ _____

2 괄호 안에 주어진 단어의 명사형을 빈칸에 넣으세요. 🎧▶MP3 084

❶ Die politische _____(diskutieren) über Müllgrundgebühren für Industrieunternehmen wird weiter angeheizt.

❷ Die _____(kündigen) einer Versicherung benötigt immer die _____(bestätigen) durch handschriftliche _____(unterschreiben) des Versicherungsnehmers.

❸ Das _____(verhalten) des berühmten Sängers auf der Bühne war unhöflich und arrogant.

❹ Laut einer Zeitschrift sinkt seit ein paar Monaten die Zahl der _____(arbeitslos).

❺ TestDaF Prüfungsaufgabe: Nehmen Sie zu beiden Aussagen _____(stellen) und begründen Sie Ihre _____(eine Stellung nehmen).

❻ Für die _____(verlängern) eines Visums sind bei der Ausländerbehörde Kosten fällig.

3 다음 문장을 독일어로 작문해보세요. 🎧▶MP3 085

❶ 유아, 어린이 보육비(Elternbeiträge)의 인상에 반대하는 시위는 아쉽게도 실패했다.

➡ _____

❷ 개인의 행복(Wohlbefinden)은 나이에 달려 있지 않다.

➡ _____

연습문제 정답 　**1** ❶ der Streit / der Flug / die Abfahrt ❷ die Versöhnung / die Entstehung ❸ das Waschen / das Baden / das Leben ❹ die Erlaubnis / die Fähigkeit / die Notwendigkeit ❺ die Ähnlichkeit / die Freiheit / die Süßigkeit ❻ eine Kampfführung
2 ❶ Diskussion ❷ Kündigung / Bestätigung / Unterschrift ❸ Verhalten ❹ Arbeitslosen ❺ Stellung / Stellungnahme ❻ Verlängerung 　**3** ❶ Der Protest gegen die Erhöhung der Elternbeiträge ist leider gescheitert. ❷ Persönliches Wohlbefinden hängt nicht vom Alter ab.

56 명사화 2
Nominalisierung 2

하나의 문장 전체를 명사구로 전환할 수 있습니다. 이때 사용된 동사나 문장 성분들에 따라 명사구의 형태가 달라집니다. 이 장에서는 문장을 명사구로 바꾸는 명사화의 다양한 방법들에 대해 알아봅니다.

명사화하는 방법

4격 목적어가 포함된 문장 1	**명사 + 2격 명사(무관사: von)**
	ⓐ 능동문이든 수동문이든 2격 명사를 취하여 명사화합니다. **능동문:** Ich übersetze den Text. 난 그 본문을 번역한다. **수동문:** Der Text wird übersetzt. 그 본문이 번역된다. ➡ die Übersetzung des Textes 그 본문의 번역 ⓑ 수동태 문장의 행위자를 나타내는 von은 명사화되는 과정에서 durch로 전환됩니다. Der Text wurde von Frau Shin übersetzt. 그 텍스트는 Frau Shin에 의해 번역되었다. ➡ die Übersetzung des Textes durch Frau Shin Frau Shin에 의한 그 텍스트의 번역
4격 목적어가 포함된 문장 2	**명사 + 전치사구**
	몇몇 4격 명사는 동사가 명사화되는 과정에서 전치사와 함께 사용됩니다. Man besucht den Freund. 친구를 방문한다. ➡ der Besuch beim Freund 친구네 방문
3격 목적어가 포함된 문장	**명사 + 전치사구**
	Man muss den Alten helfen. 노인들을 도와야 한다. ➡ die Hilfe für die Alten 노인들을 도움
자동사/재귀동사가 포함된 문장	**명사 + 2격 명사**
	Der Präsident fliegt bald nach Deutschland. 그 대통령은 곧 독일로 (비행기를 타고) 간다. ➡ der Flug des Präsidenten nach Deutschland 그 대통령의 독일로의 비행
부사(적 형용사)가 포함된 문장	**형용사 + 명사**
	Die Kamera funktioniert gut. 그 카메라는 잘 작동한다. ➡ die gute Funktion der Kamera 카메라의 좋은 기능
대명사가 포함된 문장	**소유 관사 + 명사**
	Er hat gegen Verkehrsregeln verstoßen. 그는 교통 법규를 어겼다. ➡ sein Verstoß gegen Verkehrsregeln 그의 교통 법규 위반
전치사구 목적어가 포함된 문장	**명사 + 전치사구 보족어(목적어)**
	Meine Frau hat sich um eine Stelle als Krankenpflegerin bei einer Arztpraxis beworben. 내 아내는 개인 병원에 간호사 자리를 지원했다. ➡ die Bewerbung meiner Frau um eine Stelle als Krankenpflegerin bei einer Arztpraxis. 내 아내의 개인 병원에 있는 간호사 자리를 위한 입사 지원
동사의 어간으로부터 만들어진 명사가 없는 경우	**동사 원형의 명사형**
	Ich koche zu Hause. 나는 집에서 요리한다. ➡ mein Kochen zu Hause 집에서의 나의 요리

연습문제 ÜBUNGEN

1 다음 문장을 같은 의미를 지닌 명사구로 바꿔주세요.

❶ Man kauft ein Auto. ➡ _____

❷ Die Wohnung wurde gekündigt. ➡ _____

❸ Der Termin wurde vom Arzt abgesagt. ➡ _____

❹ Man begegnet einem Prominenten. ➡ _____

❺ Der Zug kommt in Berlin an. ➡ _____

❻ Ich hoffe auf eine schnelle Reaktion. ➡ _____

❼ Nach dem Abitur habe ich mich für die Berufsausbildung bei Bosch entschieden.

➡ _____

❽ Ich treffe meinen Chef. ➡ _____

2 다음 명사구를 같은 의미를 지닌 문장으로, 주어진 시제에 맞게 만드세요. 🎧 **MP3** 086

❶ Verkauf des 10 Jahre alten Autos ➡ _____ (현재)

❷ die Festnahme des 21-jährigen Attentäters durch zwei bewaffnete Polizisten

➡ _____ (과거)

❸ Mitteilung der Musikhochschule in Leipzig an die Studenten über die Einführung von Studiengebühren für Nicht-EU-Ausländer

➡ _____
_____ (과거)

❹ die Verlobung meines Schwagers und seiner Freundin

➡ _____ (현재완료)

❺ meine Ankunft in Deutschland

➡ _____ (현재완료)

❻ mein Vortrag über das koreanische Bildungssystem

➡ _____ (현재)

❼ Sein komisches Verhalten mir gegenüber

➡ _____ (현재)

연습문제 정답 **1** ❶ der Kauf eines Autos ❷ die Kündigung der Wohnung ❸ die Absage des Termins durch den Arzt ❹ die Begegnung mit einem Prominenten ❺ die Ankunft des Zuges in Berlin ❻ meine Hoffnung auf eine schnelle Reaktion ❼ meine Entscheidung für die Berufsausbildung bei Bosch nach dem Abitur ❽ das Treffen mit meinem Chef **2** ❶ Man verkauft das 10 Jahre alte Auto. ❷ Der 21-jährige Attentäter wurde von zwei bewaffneten Polizisten festgenommen. ❸ Die Musikhochschule in Leipzig teilte den Studenten die Einführung von Studiengebühren für Nicht-EU-Ausländer mit. ❹ Mein Schwager und seine Freundin haben sich verlobt. ❺ Ich bin in Deutschland angekommen. ❻ Ich halte einen Vortrag über das koreanische Bildungssystem. ❼ Er verhält sich komisch mir gegenüber.

es의 활용 1
Gebrauch von es 1

es의 다양한 기능에 대해 알아봅니다.

es의 활용 1

인칭대명사	중성 명사를 지칭	Ich habe ihm mein Fahrrad geliehen, aber er gibt es mir nicht zurück. 나는 그에게 나의 자전거를 빌려주었지만, 그는 그것을 나에게 돌려주지 않는다.
	(성 · 수 상관 없이) 모든 명사를 지칭	Mein Vater war Flugbegleiter. Meine Mutter war es auch. 우리 아버지는 승무원이었고, 우리 어머니도 그렇다.
형용사를 지시	문장 앞 또는 문장 내에 언급되거나 전제된 형용사를 가리킵니다.	
	Meine Tochter ist süß und ganz lieb, aber mein Sohn ist es nicht. 우리 딸은 귀엽고 매우 사랑스럽지만 우리 아들은 그렇지 않다.	
문장 전체를 지시	Gestern hatte mein Freund Geburtstag. Leider habe ich es vergessen. 어제 내 친구가 생일이었다. 유감스럽게도 나는 그것을 잊었다.	
후치된 부문장 또는 후치된 zu 부정형 구문의 주어적 역할	부문장 지시	Es fällt auf, dass nur wenige deutsche Studenten ein eigenes Auto besitzen. 단지 소수의 독일 대학생들만이 자신의 차를 소유하고 있다는 것이 눈에 띈다.
	zu 부정형 구문 지시	Es ist verboten, bei Dunkelheit ohne Licht Fahrrad zu fahren. 깜깜할 때 라이트 없이 자전거를 타는 것은 금지되어 있다.
주어 없는 수동문을 위한 대체	Es wird über die Einführung neuer Verkehrsregeln viel diskutiert. 새로운 교통 규정들의 도입에 대해 많은 토론이 이루어진다. = Über die Einführung neuer Verkehrsregeln wird viel diskutiert.	
문장 가장 앞에 놓임	주어를 동사 뒤로 놓고 문장 제일 앞에 es가 위치합니다.	
	Es werden Autos deutscher Marken in Korea sehr gut verkauft. 한국에 독일 브랜드의 자동차들이 매우 잘 팔린다.	
	이 경우 es는 문장 첫머리에만 올 수 있으며, es가 주어는 아니므로 동사 변화는 실제 주어에 따라야 합니다.	
비인칭 목적어 es (관용적 표현)	비인칭 목적어로 쓰인 경우 es는 문장 앞에 올 수 없습니다.	
	es eilig haben, es gut haben, es in sich haben, es jemandem angetan haben, es schwer haben, es weit gebracht haben, es auf etw./jmdn. abgesehen haben, es gut mit jmdm. meinen	
	Ich habe es gut. In letzter Zeit klappt bei mir einfach alles. 나는 잘 지내. 최근에 그냥 모든 일이 잘되고 있어.	
	Wenn Sie es eilig haben, schreiben Sie uns eine E-Mail oder besuchen Sie uns vor Ort. 급하시면 저희에게 이메일을 쓰시거나, 아니면 방문해주시기 바랍니다.	
	Ich hatte es schwer, mich an das Wetter in Deutschland zu gewöhnen. 독일에서 날씨에 적응하는 것이 어려웠다.	
	Wenn man 1950 und 2000 vergleicht, sieht man, dass Korea es weit gebracht hat. 1950년과 2000년을 비교하면 한국이 크게 성장한 것을 볼 수 있다.	

연습문제 ÜBUNGEN

1 앞의 문장에서 es가 나타내는 의미에 해당하는 부분을 밑줄로 표시하세요.

❶ Ich habe ein Grammatikbuch geschrieben. Und jetzt wird <u>es</u> vom Verlag korrigiert.

❷ Mein älterer Bruder ist zielstrebig und ehrgeizig. Aber ich bin <u>es</u> nicht.

❸ Mein Freund hat seinen Job verloren. Seine Eltern haben <u>es</u> mir erzählt.

> ✒ 작문 우리 형은 배려심이 많다(rücksichtsvoll). 그런데 나는 그렇지 않다.
> _____

2 다음 문장을 es를 주어로 사용한 문장으로 바꾸세요. 🎧 MP3 087

❶ Sich nicht darum zu kümmern, was andere von einem denken, ist manchmal wichtig.

➡ _____

❷ Man sollte auch über eine Geschwindigkeitsbegrenzung für Radfahrer nachdenken.

➡ _____

❸ Kinderartikel und Küchenzubehör deutscher Marken werden in Korea viel gekauft.

➡ _____

> ✒ 작문 너를 다시 만나게 되어서 기뻐.
> _____

3 빈칸에 알맞은 표현을 넣어 의미에 맞는 문장을 완성하세요. 🎧 MP3 088

es eilig haben / es schwer haben / es weit gebracht haben

❶ Ganz am Anfang _____ ich _____ in Deutschland _____.

❷ 'Mach bitte schnell, ich _____', 'Kannst du dich bitte beeilen?'

❸ Die koreanische Mannschaft _____ und ist unbestritten die erfolgreichste Fußballmannschaft in Asien.

> ✒ 작문 나는 지금 급하다.
> _____

연습문제 정답   **1** ❶ ein Grammatikbuch ❷ zielstrebig und ehrgeizig ❸ Mein Freund hat seinen Job verloren 작문 Mein älterer Bruder ist rücksichtsvoll. Aber ich bin es nicht.   **2** ❶ Es ist manchmal wichtig, sich nicht darum zu kümmern, was andere von einem denken. ❷ Es sollte auch über eine Geschwindigkeitsbegrenzung für Radfahrer nachgedacht werden. ❸ Es werden Kinderartikel und Küchenzubehör deutscher Marken in Korea viel gekauft. 작문 Es freut mich, dich wieder zu treffen.   **3** ❶ hatte / es / schwer ❷ habe es eilig ❸ hat es weit gebracht 작문 Ich habe es gerade eilig.

58 es의 활용 2
Gebrauch von es 2

비인칭주어 es의 다양한 기능에 대해 알아봅니다.

es의 활용 2

시간/시각/시점	Uhrzeit(ein Uhr···), Tageszeit(Morgen···), Jahreszeit(Frühling···), früh/spät···
	Es ist schon wieder Montag. Das Wochenende vergeht so schnell. 벌써 다시 월요일이다. 주말이 너무 빨리 간다.
	Es ist zu spät. Ich werde meinen Zug nicht bekommen. 너무 늦었다. 나는 열차를 타지 못할 것이다.
날씨	es blitzt, es donnert, es dunkelt, es friert, es nieselt, es regnet, es schneit, es ist gewittrig, es ist nebelig, es ist regnerisch, es ist sonnig, es ist wolkig(bewölkt)
	Es hat im letzten Sommer viel geregnet, aber in diesem Sommer ist die Erde trocken. 지난 여름에 비가 많이 왔지만, 이번 여름에는 땅이 건조하다.
감각/감정	es duftet nach, es gefällt, es geht, es juckt, es riecht nach, es schmeckt, es tut
	Es duftet nach Weihnachten. Du hast schon Plätzchen und Kekse gebacken. 크리스마스의 냄새가 난다. 너 벌써 쿠키와 과자들을 구웠구나.
	Es geht mir heute sehr schlecht. Ich habe mich mit meinem Freund gestritten. 오늘은 아주 좋지 않아. 내 남자 친구와 다투었거든.
	Wenn es in der Wohnung nach Gas riecht, darf man kein Elektrogerät benutzen. 집에서 가스 냄새가 나면, 전열 기구를 사용해서는 안 된다.
소리	es klingelt, es klopft
	Es hat in der Nacht an der Tür geklopft. Vor Angst habe ich sie nicht geöffnet. 밤에 (누군가가) 문을 두드렸다. 무서워서 나는 문을 열지 않았다.
관용적 표현	es fehlt(mangelt) an D., es geht um, es gibt, es handelt sich um, es kommt auf 4격 an
	An bundesweiten Feiertagen gibt es immer Stau auf der Autobahn. 독일 전국 공통 휴일에는 고속도로가 항상 정체된다.
	Im Studium in Korea geht es meistens um die Vermittlung der theoretischen Grundlagen. 한국의 대학 과정에서는 대체로 이론적 기초들의 전달이 중요하다.
	Beim Kochen kommt es immer darauf an, wer kocht. 요리할 때 누가 요리하는가가 중요하다.
	Leider mangelt es in meiner Firma an Experten für Marketing. 아쉽게도 우리 회사에는 마케팅 전문가들이 부족하다.

1 es를 사용하여 시간/시각/시점을 나타내는 독일어 문장으로 작문하세요. 🎧 **MP3** 089

❶ 지금 몇 시지? ➡ _____ ?

❷ 지금 10시야. ➡ _____

❸ 정말 멋진(wunderbar) 저녁이었어. ➡ _____

❹ 아직 겨울은 아니야. ➡ _____

2 es의 사용에 유의하여 다음의 일기예보를 한국어로 해석하세요.

> ### Wettervorhersage
>
> Heute früh gibt es weitere Regenschauer im Osten. Die Temperatur sinkt auf 5 bis 10 Grad ab. Am Tage ist es im Norden dicht bewölkt, aber es fällt nur noch wenig Regen. In der Nacht schneit es. Weiter im Süden ist es dagegen meist nur locker bewölkt oder klar und trocken.
>
> ➡ _____
>
> _____
>
> _____

3 es를 사용하여 다음 문장을 독일어로 작문하세요.

> 아침에 집 문에서 벨이 울렸다.
>
> ➡ _____

4 빈칸에 알맞은 표현을 넣어 의미에 맞는 문장을 완성하세요. 🎧 **MP3** 090

> es handelt sich um / es kommt auf an / es fehlt an / es geht um

❶ In den Kitas in Deutschland _____ qualifiziertem Fachpersonal.

❷ In der Tabelle _____ die beliebtesten Urlaubsziele der Europäer.

❸ Bei diesem Film _____ eine Tragödie einer koreanischen Familie.

❹ _____ die Qualität _____ , nicht _____ die Quantität.

*Kita: f. Kindertagesstätte

연습문제 정답 **1** ❶ Wie viel Uhr(Wie spät) ist es jetzt? ❷ Es ist jetzt zehn Uhr. ❸ Es war ein wunderbarer Abend. ❹ Es ist noch nicht Winter. **2** 일기 예보: 오늘 일찍 동부 지역에는 계속되는 소나기 소식이 있습니다. 기온은 5도에서 10도까지 내려가겠습니다. 낮에는 북부 지방에 구름이 짙게 끼겠으나, 단지 적은 양의 비가 좀 더 내릴 것으로 보입니다. 밤에는 눈이 오겠습니다. 반대로 남부 지방으로 내려갈수록 대체로 구름이 덜 끼거나 맑겠고 건조한 날씨가 예상됩니다 **3** Es klingelte morgens an der Haustür. **4** ❶ fehlt es an ❷ geht es um ❸ handelt es sich um ❹ Es kommt auf / an / auf

부정어의 사용
Gebrauch von Negation

부정을 표현하는 다양한 어휘들과 이들의 문장 내 구조에 대해 알아봅니다.

부정을 위한 어휘 분류

부정어	kein-, keiner, keinesfalls, nein, nicht, nichts, nie, niemals, niemand, nirgends, nirgendwo
	Ich würde das Hotel keinesfalls empfehlen. 나는 그 호텔을 절대 추천하지 않을 것이다.
부정을 의미하는 전치사/접속사	außer (dass), anstelle, ohne (dass), statt, anstatt dass
	Ohne seine Hilfe hätte ich meine Aufgabe nicht erledigen können. 그의 도움 없이는 나는 내 과제를 해낼 수 없었을 것이다.
부정 접두사/접미사	a-, ab-, an-, aber-, anti-, außer-, contra-, de-, des-, dis-, dys-, ent-, fehl-, frei-, -frei, gegen-, in-, il-, im-, in-, ir-, -leer, -los, miss-, nicht-, non-, pseudo-, quasi-, schein-, semi-, un-, ver-, wider-, -widrig
	Ich bin unglücklich, da ich seit drei Monaten arbeitslos bin. 나는 3달째 실직 상태이기 때문에 불행하다.

부정어의 선택

긍정	ein-/무관사	einer/eine/ein(e)s/welche	etwas	irgendwann	irgendwo	jemand
부정	kein-	keiner/keine/kein(e)s/keine	nichts	nie/niemals	nirgendwo/nirgends	niemand

- 부정하고자 하는 문장의 구성 요소나 형태에 따라 각기 다른 부정어가 사용됩니다. 긍정어와 짝을 이루는 부정어를 기억하여 적절한 부정어를 선택해야 합니다.

부정어 nicht의 위치

문장 성분 부정	nicht는 부정하고자 하는 문장 성분 앞에 위치합니다. nicht + 문장 성분
	Ich bin nicht gestern mit meinem Freund ins Kino gegangen. 나는 내 남자 친구와 극장에 어제 간 것이 아니다.
	Ich bin gestern nicht mit meinem Freund ins Kino gegangen. 나는 어제 극장에 내 남자 친구와 간 것이 아니다.
	Ich bin gestern mit meinem Freund nicht ins Kino gegangen. 나는 어제 내 남자 친구와 극장에 간 것이 아니다.
	Nicht ich bin gestern mit meinem Freund ins Kino gegangen. 어제 내 남자 친구와 극장에 간 사람은 내가 아니다.
문장 전체 부정	문장 전체를 부정하는 경우 다음의 몇몇 경우를 제외하고 nicht는 문장 마지막에 위치합니다.
	1격 보족어: Es war nicht meine Absicht, sie mit meinen Worten zu verletzen. 그녀를 말로 상처 주는 것은 내 의도가 아니었다.
	(위치/이동/수단)전치사구 보족어: Ich verlasse mich nicht auf meinen Ex-Freund. 나는 내 전 남자 친구를 신뢰하지 않는다.
	기능 동사구: Trotz langer Diskussionen sind wir nicht zu einem Entschluss gekommen. 오랜 토론에도 불구하고 우리는 결정하지 못했다.

연습문제 ÜBUNGEN

1 빈칸에 알맞은 부정어를 넣으세요.

🎧 MP3 091

keine / nichts / nie / nirgends

❶ In Korea darf _____ wieder ein Krieg ausbrechen.

❷ Ich wollte meine Schokolade aus dem Kühlschrank nehmen, aber es war _____ übrig.

❸ Wenn man auf der Reise im Ausland den Pass _____ findet, dann muss beim Einwohnermeldeamt ein neuer Pass beantragt werden.

❹ Eine Reisecheckliste kann nützen, damit man _____ Wichtiges für die Reise vergisst.

2 빈칸에 알맞은 부정 접두사/접미사를 넣으세요.

🎧 MP3 092

in- / –frei / –los / un- (중복 허용)

❶ Die tschechische Regierung hält die Reform der europäischen Asylpolitik für _____akzeptabel.

❷ Wenn die Eltern zu hohe Erwartungen an ihre Kinder haben, können die Kinder sich _____sicher und _____geliebt fühlen.

❸ In Leipzig können viele Immobilien provisions_____ gemietet werden.

❹ In Deutschland kann Arbeits_____ engeld bis zu zwei Jahre lange gezahlt werden.

3 알맞은 자리에 nicht를 넣어 부정을 나타내는 문장을 완성하세요.

❶ Es war meine Idee, mit meiner Familie durch ganz Europa zu reisen.

➡ _____

❷ Warum haben Sie mich gestern Abend angerufen?

➡ _____

❸ Koreaner interessieren sich für die Außenpolitik.

➡ _____

❹ Nach dem Studium werde ich nach Korea zurückfliegen.

➡ _____

❺ Trotz langer Überlegungen bin ich zu einem Entschluss gekommen.

➡ _____

연습문제 정답 **1** ❶ nie ❷ keine ❸ nirgends ❹ nichts **2** ❶ in ❷ un / un ❸ frei ❹ los **3** ❶ Es war nicht meine Idee, mit meiner Familie durch ganz Europa zu reisen. ❷ Warum haben Sie mich gestern Abend nicht angerufen? ❸ Koreaner interessieren sich nicht für die Außenpolitik. ❹ Nach dem Studium werde ich nicht nach Korea zurückfliegen. ❺ Trotz langer Überlegungen bin ich nicht zu einem Entschluss gekommen.

60 관계문
Relativsatz

관계대명사 2격과 was, wer, wo(-)가 사용되는 관계문에 대해 알아봅니다.

관계대명사 2격

관계대명사	남성	여성	중성	복수
2격	dessen	deren	dessen	deren

- 관계대명사 2격은 관계문 내에서 선행사의 2격 의미를 나타냅니다.
    - 예 Die deutsche Justiz untersucht die Bank. Der Chef der Bank hinterzog Steuern.
      독일 사법부는 그 은행을 조사한다. 그 은행의 사장은 세금을 횡령했다.
        - ➡ Die deutsche Justiz untersucht die Bank, deren Chef Steuern hinterzog.
          독일 사법부는 사장이 세금을 횡령한 그 은행을 조사한다.
      Ich möchte in die Stadt ziehen. Im Zentrum der Stadt gibt es viele Freizeitmöglichkeiten.
      나는 그 도시로 이사하고 싶다. 그 도시의 중심에서는 많은 여가 활동이 가능하다.
        - ➡ Ich möchte in die Stadt ziehen, in deren Zentrum es viele Freizeitmöglichkeiten gibt.
          나는 그 중심에서 많은 여가 활동이 가능한 그 도시로 이사하고 싶다.

was, wer, wo(-)가 사용되는 관계문

was(~하는 것)	주어 역할	Was das Diagramm darstellt, (das) ist schwer zu analysieren. 그 도표가 보여주는 것은 분석하기 어렵다.
	목적어 역할	Was das Diagramm darstellt, (das) kann man nicht leicht analysieren. 그 도표가 보여주는 것을 쉽게 분석할 수 없다.
wer(~하는 사람)	주어 역할	Wer sich selbst nicht liebt, (der) kann auch andere Menschen nicht lieben. 스스로를 사랑하지 않는 사람은 다른 사람들도 사랑할 수 없다.
was/wo(r)-전치사		ⓐ 특정 대명사들(alles, das, das Beste, etwas, manches, nichts, vieles, …)이 선행사로 오는 경우에 관계대명사로 was/wo(r)-전치사가 사용됩니다. In Deutschland gibt es vieles, was ich erleben möchte. 독일에는 내가 경험하고 싶은 많은 것이 있다. Das Beste, worauf du hoffen kannst, ist die Versöhnung mit ihr. 네가 희망할 수 있는 최선의 것은 그녀와의 화해야. ⓑ 앞 문장 전체에 대한 관계대명사로 사용 Die Regierung wird das Kindergeld erhöhen, was viele Eltern sehr freut. 정부는 자녀 양육 수당을 올릴 것이고, 그것이 많은 부모들을 매우 기쁘게 한다. Die Regierung wird das Kindergeld erhöhen, worüber viele Eltern sich freuen. 정부는 자녀 양육 수당을 올릴 것이고, 그에 대해 많은 부모들이 매우 기뻐한다.

- was, wer가 이끄는 관계문은 전체 문장의 주어 또는 목적어로서의 역할을 할 수 있습니다.
- was, wer의 격과 주문장의 주어인 지시대명사의 격이 일치하는 경우에 지시대명사는 생략이 가능합니다.

1 밑줄 친 두 단어를 관계대명사로 연결하여 하나의 문장으로 완성하세요.

🎧 **MP3** 093

❶ Ich habe einen <u>Freund</u>. <u>Sein</u> Vater ist Professor an meiner Universität.

➡ _____

❷ Morgen treffe ich einen russischen <u>Freund</u>. In <u>seinem</u> großen Garten haben wir eine Grillparty gemacht.

➡ _____

2 다음 문장을 wer, was를 사용하여 작문하세요.

❶ 향수병(Heimweh)을 앓는 사람은 적어도 일 년에 한 번은 고국에 가는 것이 좋다.

➡ _____

❷ 그 통계가 함축하고(implizieren) 있는 것을 아무도 이해할 수 없다.

➡ _____

3 다음 문장을 was를 포함한 관계문을 사용하여 작문하세요.

❶ 독일에서의 휴가는 나의 인생에서 경험한 것 중 최고였다.

➡ _____

❷ 독일에는 한국 사람들이 받아들일 수 없는 어떤 것이 있다.

➡ _____

4 was 또는 wo(r)—를 넣어 두 문장을 연결해 주세요.

❶ Der Abzocker hat mir ständig Rechnungen mit Mahnungen und Schreiben von einem Rechtsanwalt zugesendet, _____ mich sehr geärgert und genervt hat.

❷ Die GEZ Mitarbeiterin wollte in meine Wohnung, _____ ich mich sehr geärgert habe.

*GEZ: Gebühreneinzugszentrale

연습문제 정답 **1** ❶ Ich habe einen Freund, dessen Vater Professor an meiner Universität ist. ❷ Morgen treffe ich einen russischen Freund, in dessen großem Garten wir eine Grillparty gemacht haben. **2** ❶ Wer an Heimweh leidet, sollte mindestens einmal im Jahr in sein Heimatland fliegen. ❷ Was die Statistik impliziert, kann keiner verstehen. **3** ❶ Der Urlaub in Deutschland war das Beste, was ich in meinem Leben erlebt habe. ❷ In Deutschland gibt es etwas, was die Koreaner nicht akzeptieren können. **4** ❶ was ❷ worüber

ähneln	Er ähnelt seinem Vater jeden Tag mehr.
angehören	Wir gehören alle dem gleichen Team an.
antworten	Ich muss meiner Tante bald antworten.
auffallen	Sie sagte, ihrem jetzigen Ehemann sei sie direkt beim ersten Treffen positiv aufgefallen.
befehlen	Er befahl der Angestellten die Tür verschlossen zu halten.
begegnen	Ich hatte solche Angst, als ich meinem Nachbarn plötzlich im Wald begegnet bin.
beistehen	Sophie wusste, dass sie ihrer Freundin beistehen musste.
beitreten	Ich wollte diesem Verein unbedingt beitreten.
danken	Ich hatte nie die Gelegenheit, meinem Bruder für all seine Hilfe zu danken.
dienen	Ich werde meiner Königin bis zum Tag meines Todes dienen.
drohen	Mein Bekannter drohte seiner Freundin damit, sie zu verlassen.
einfallen	Dem Lehrer ist plötzlich eingefallen, wo er die Brille verloren hatte.
entfallen	Katja ist einfach entfallen, dass der Abgabeschluss heute ist.
entgegenkommen	Ich hoffe, dass Sie meinem Kunden mit dem Preis noch etwas entgegenkommen.
entgehen	Ich konnte mir diese Gelegenheit doch nicht entgehen lassen!
entsprechen	Das entspricht nun wirklich nicht meinen Anforderungen.
erscheinen	Meine verstorbene Großmutter ist mir gestern Nacht im Traum erschienen.
fehlen	Es fehlt dem Gefangenen an nichts.
folgen	Du weißt doch, dass dir deine Freunde überallhin folgen würden.
gefallen	Gefallen sie deiner Mutter etwa nicht?
gehorchen	Wenn du mir nicht gehorchen willst, dann bist du mir auch keine Hilfe!

gehören	Dieses Stofftier gehört zwar mir, aber für heute leihe ich es meiner kleinen Schwester.
gelingen	Warum will es diesem Menschen bloß nicht gelingen, die Wahrheit zu sagen?
genügen	Ihr genügt es zu wissen, dass er in Sicherheit ist.
glauben	Du kannst nicht einfach jedem beliebigen Gerücht glauben.
gratulieren	Ich wollte dir noch zu deiner Beförderung gratulieren.
gut tun	Es wird dir gut tun, dich ein bisschen zu entspannen.
helfen	Wenn du dir nicht helfen lässt, bist du es selber schuld!
leidtun	Solche Menschen tun mir einfach nur leid.
missfallen	Frau Schulz meinte, dass du ihr wegen deiner Einstellung missfällst.
misslingen	In letzter Zeit misslingt mir einfach alles!
misstrauen	Nach diesem Vorfall konnte er nicht anders, als ihr zu misstrauen.
nachlaufen	Wenn du glaubst, ich würde dir nachlaufen, hast du dich aber getäuscht.
sich nähern	Wir müssen uns dem Jungtier vorsichtig nähern, um es nicht zu verscheuchen.
nützen	Was nützt es unserer Firma, wenn sie dann schon verschwunden ist?
passen	Wenn der Rock Anne nicht passt, sollte sie ihn nicht kaufen.
passieren	Wie kann es sein, dass diesem Autor immer solche merkwürdigen Dinge passieren?
reichen	Es würde Jakob schon reichen, wenn man ihm nur einmal richtig zuhören würde.
schaden	Es schadet zwar der Umwelt, aber es begünstigt die Industrie.
schmecken	Mein Essen schmeckt meinen Kindern sehr gut.
schwerfallen	Es fiel ihm schwer, seinen besten Freund ziehen zu lassen.
trauen	Trau dich einfach deinem heimlichen Schwarm den Liebesbrief zu geben!

unterliegen	Er wird dem größeren Sportler in jeder Disziplin unterliegen.
vertrauen	Wenn du deinem eigenen Kind nicht vertrauen kannst, wem dann?!
verzeihen	Du wirst deinem Freund verzeihen müssen, falls du dich weiter mit ihm treffen willst.
wehtun	Ich weiß doch, dass ihr mir nie wehtun würdet.
widersprechen	Natürlich wird die Lehrerin wütend, wenn die Kinder ihr dauernd widersprechen.
zuhören	Wenn du dem Gedicht nicht genau zuhörst, wirst du den Sinn nicht verstehen können.
zulächeln	Ich bin mir sicher! Das schöne Mädchen hat mir zugelächelt!
zureden	So einem wilden Tier musst du gut zureden, bevor du dich ihm nähern kannst.
zuschauen	Ich könnte den Seilspringern stundenlang zuschauen.
zusehen	Ich kann diesem Verbrechen nicht einfach nur zusehen!
zustimmen	Ich hätte nie gedacht, dass gerade meine alten Mitschüler mir zustimmen würden.

abgewöhnen	Ich möchte mir das Rauchen abgewöhnen.
abkaufen	Hast du jemanden gefunden, der dir das Fahrrad abkauft?
abschlagen	Er hat so lieb gefragt, da konnte ich ihm die Bitte nicht abschlagen.
abverlangen	Ich kann nicht glauben, dass dein Chef dir so etwas abverlangt!
anvertrauen	Ich bin so froh, dass ich mich dir anvertrauen kann.
bereiten	Er bereitet seinen Eltern so viele Sorgen.
borgen	Sei vorsichtig damit! Ich habe es mir von Jens geborgt.
bringen	Würdest du mir bitte meine rote Tasche bringen?
empfehlen	Sabrina hat mir dieses Café schon seit Wochen empfohlen.
entgegenbringen	Ich wünschte, du würdest mir mehr Respekt entgegenbringen.
geben	Ach, fast hätte ich vergessen, dir das hier zu geben!
leihen	Hab ich es dir nicht gesagt? Wenn du ihm Geld leihst, bekommst du es nie wieder zurück.
nachtragen	Wow, trägst du mir diese Geschichte etwa immer noch nach?
reichen	Wärst du so nett und würdest mir die Flasche dort reichen?
schenken	Marie hat gesagt, dass sie schon vor Monaten entschieden hat, was sie Lukas schenken will.
verbieten	Wie bitte?! Deine Eltern haben dir plötzlich verboten, mit auf die Reise zu kommen?
verheimlichen	Kinder dürfen ihren Eltern nichts verheimlichen.
verschreiben	Der Arzt hat mir drei verschiedene Medikamente verschrieben.
versprechen	Ich verspreche dir, dass ich dich nie im Stich lassen werde.
vorlesen	Mama, kannst du mir noch einmal die Geschichte mit den Katzen vorlesen?
vorwerfen	Dem Chef wurde Geldwäsche vorgeworfen.
wünschen	Ich wünsche mir, dass ich die Zeit einfach zurückdrehen könnte.
zeigen	Zeigst du mir, wo du das Eichhörnchen gesehen hast?

absagen	Es tut mir leid, dass ich die Verabredung so kurzfristig absagen musste.
anbieten	Darf ich Ihnen ein Getränk anbieten?
androhen	Willst du mir androhen, es allen zu verraten?
aufmachen	Schatz, kannst du bitte das Glas für mich aufmachen?
aussuchen	Es macht mir einfach Spaß, Möbel für die neue Wohnung auszusuchen.
ausziehen	Brauchen Sie Hilfe die Kleidung auszuziehen?
beantworten	Bisher konnte mir kein Lehrer die Frage so richtig beantworten.
beichten	Ich habe es einfach nicht mehr ausgehalten und musste ihm beichten, was ich getan hatte.
besorgen	Wenn du eh zum Supermarkt gehst, kannst du dann bitte noch ein paar Roggenbrötchen besorgen?
bestellen	Er bestellt so viele Sachen online, dass unser ganzer Flur voller Pakete ist.
beweisen	Ich wollte ihr um jeden Preis beweisen, dass ich nicht so leicht aufgebe.
bewilligen	Können Sie diesen Antrag bitte noch vor Ende des Tages bewilligen?
bieten	Ich biete Ihnen den besten Preis also verkaufen Sie an mich.
bringen	Ach ja, kannst du mir bitte noch die blauen Teller aus dem Schrank bringen?
darlegen	Ich habe ihm meinen Plan dargelegt und warte jetzt auf seine Rückmeldung.
einpacken	Sie müssen die Äpfel nicht einpacken, die nehme ich so mit.
empfehlen	Sie wurden mir von Ihrem letzten Arbeitgeber empfohlen.
erfüllen	Warum bist du überhaupt zurückgekommen, wenn du nicht vorhast, meine Wünsche zu erfüllen?
erklären	Lass mich dir erklären, warum ich damit nicht einverstanden bin.
erlauben	Meinst du, dass er es dir erlauben wird?
ermöglichen	Ich danke dir für alles, was du mir ermöglicht hast.
erschweren	Du kannst mir meine Arbeit noch so sehr erschweren – aufgeben werde ich trotzdem nicht.

erzählen	Habe ich dir schon mal erzählt, wie deine Großeltern sich kennengelernt haben?
gestehen	Ich muss dir etwas gestehen. Ich war gestern ohne dich beim Eiscremeladen.
glauben	Ich kann immer noch nicht glauben, dass er so etwas tun würde.
holen	Och nee, ich habe vergessen, Wattepads zu holen.
kaufen	Wenn ich Stress habe, kaufe ich gerne ein paar Pflegeprodukte und schon geht es mir besser.
kochen	Du willst mir wirklich mein Lieblingsessen kochen?
liefern	Kannst du dir das nicht einfach liefern lassen?
machen	Ist dir nicht langweilig? Wir machen in letzter Zeit gar nichts Lustiges mehr.
merken	Ich kann mir ihren Namen einfach nicht merken.
mieten	Mit so einem Einkommen willst du eine 3 Zimmer Wohnung mieten? Na dann viel Glück.
mitbringen	Kann ich dir etwas aus Deutschland mitbringen?
mitteilen	Ich wollte euch nur mitteilen, dass ich ab nächster Woche nicht mehr hier arbeite.
nachschicken	Bis die neue Adresse registriert ist, muss ich mir erstmal alles nachschicken lassen.
nehmen	Denkst du echt, sie werden jemanden wie dich nehmen?
nennen	Sein weißes Fell ist so schön! Wollen wir ihn "Tofu" nennen?
notieren	Ich notiere mir den Termin lieber schnell, bevor ich ihn vergesse.
opfern	Er tut immer so, als müsste er sich für die Gruppe opfern.
reservieren	Hast du schon einen Tisch in unserem Restaurant reserviert?
sagen	Ich wollte dir einfach nur sagen, wie dankbar ich dir bin.
schenken	Ich möchte ihm gerne das Videospiel schenken, das er sich so gewünscht hat.
schneiden	Passt auf, dass du dich nicht in den Finger schneidest.
schreiben	Sie hat mir einen langen Brief geschrieben.

senden	Ich wusste nicht, ob ich die Nachricht wirklich senden sollte.
stehlen	Felix würde nie zugeben, dass er die Kette gestohlen hatte.
trocknen	Das Hemd muss doch trocknen, bevor du es anziehen kannst!
überreichen	Ich freue mich, Ihnen diese Auszeichnung überreichen zu können.
überweisen	Ich habe dir das Geld heute überwiesen.
verbieten	Du kannst mir doch nicht verbieten, meinen eigenen Weg zu gehen!
verdienen	Dafür, dass er so viel verdient, ist er extrem geizig.
verkaufen	Wolltest du den Computer nicht schon längst verkaufen?
vermieten	Ich habe gehört, dass du die Wohnung jetzt an Studenten vermietest?
verraten	Eigentlich wollte ich es dir nicht verraten, aber Zuhause wartet eine Überraschung auf dich.
versichern	Jana hat mir versichert, dass sie nichts von dem Zwischenfall wusste.
verzeihen	Da er mir so wichtig ist, habe ich entschieden, ihm zu verzeihen.
vorschlagen	Gwen hat mir vorgeschlagen, uns einfach direkt vor dem Laden zu treffen.
vorstellen	Kannst du dir vorstellen, wie traurig sie damals Kannst du dir vorstellen, wie traurig sie damals war?
zeigen	Ich wollte dir doch noch meine neue Kamera zeigen.
zurückzahlen	Ich verspreche dir, dass ich es bis zum Ende des Monats zurückzahlen werde!
zusenden	Du kannst es mir einfach per Post zusenden.

anklagen	Mein Nachbar wurde des Mordes angeklagt.
bedürfen	Dieser Fall bedarf genauerer Untersuchung.
s. bemächtigen	Er hat sich des Fahrzeugs bemächtigt und ist auf der Flucht.
beschuldigen	Der Angeklagte wurde des Diebstahls beschuldigt.
bezichtigen	Ich konnte nicht glauben, dass ich der Fahrerflucht bezichtigt wurde.
entbehren	Der Vorwurf entbehrt jeglicher Grundlage.
entbinden	Der Direktor hat ihn seiner Pflichten entbunden.
s. enthalten	Die Angestellten enthielten sich ihrer Meinung über ihren Vorgesetzten.
entheben	Sie wurde ihres Amtes enthoben.
s. entledigen	Sie entledigte sich damals aller ihrer Besitztümer.
s. erfreuen	Mein Großvater erfreut sich noch immer bester Gesundheit.
s. erwehren	Ich kann mich nicht des Eindrucks erwehren, dass ihr versucht, mich hinters Licht zu führen.
gedenken	Lasst uns der Soldaten gedenken, die hier ihr Leben gelassen haben.
harren	Ich harre der Dinge, die noch auf mich zukommen werden.
s. rühmen	Er rühmt sich der Taten seiner Vorfahren.
s. schämen	Er schämt sich seiner Familie.
überführen	Die Verdächtige wurde der Tat überführt.
verdächtigen	Da man ihn am Tatort gesehen hatte, wurde Herr Meier des Einbruchs verdächtigt.
versichern	Mein Verlobter versicherte sich seiner Gesundheit, bevor er sich auf die Geschäftsreise begab.

als + 1격(Nom.)

arbeiten als	Mein Schwager arbeitet als Zahnarzt.
gelten als	Diese Lehrerin gilt als extrem streng.

als + 4격(Akk.)

ansehen als	Die Einwohner sahen mich als ihren König an.
bezeichnen als	Man könnte dieses Verhalten als zwanghaft bezeichnen.

an + 3격(Dat.)

etwas ändern an	Ich wollte etwas an diesen Umständen ändern.
arbeiten an	Unser Team arbeitet an einer Lösung.
sich beteiligen an	Wir hoffen, dass sich alle Schüler an der Aktion beteiligen.
etwas. erkennen an	Er hat die Krankheit an der Farbe seiner Zunge erkannt.
leiden an	Der Patient leidet an einer schlimmen Vergiftung.
liegen an	Deine schlechte Laune liegt sicher am Wetter.
sich orientieren an	Früher haben sich die Menschen an den Sternen orientiert.
sterben an	In so einem Land könntest du sogar an einer einfachen Erkältung sterben.
teilnehmen an	Ich wollte schon immer an so einem Wettbewerb teilnehmen.
zweifeln an	Er war so berühmt und konnte trotzdem nie aufhören, an sich selbst zu zweifeln.

an + 4격(Akk.)

sich erinnern an	Ich erinnere mich immer noch an das Essen damals mit Anne und Debbie.
denken an	Manchmal denke ich einfach an meine Grundschulzeit.
sich gewöhnen an	Du wirst dich schon noch an seine Eigenarten gewöhnen.
glauben an	Glaubst du eigentlich an Geister?

schicken an	Ich habe vergessen, das Paket an meine Tante zu schicken.
schreiben an	Meine Mutter hatte einen langen Brief an mich geschrieben.
sich wenden an	Du kannst dich jederzeit mit Problemen an mich wenden.
auf + 3격(Dat.)	
beruhen auf	Diese Geschichte beruht auf einer wahren Begebenheit.
bestehen auf	Ich bestehe darauf, dass der Fall noch einmal untersucht wird!
auf + 4격(Akk.)	
achten auf	Für eine 1+ musst du auch auf solche kleinen Dinge achten.
ankommen auf	Hierbei kommt es auf das Fingerspitzengefühl an.
antworten auf	Er konnte mir gar nichts auf meine Frage antworten.
aufpassen auf	Pass gut auf deine Schwester auf, während ich weg bin!
sich beschränken auf	Wir sollten uns nicht nur auf Europa beschränken.
eingehen auf	Kannst du nicht einmal auf meine Bitte eingehen?
sich einigen auf	Wir haben uns auf einen Kompromiss geeinigt.
sich freuen auf	Wir freuen uns auf Ihren Besuch!
hinweisen auf	Hiermit möchten wir Sie auf unser Sonderangebot hinweisen.
hoffen auf	Die Bauern hoffen auf Regen.
sich konzentrieren auf	Er konzentriert sich auf seine Hausaufgaben.
etwas schätzen auf 4격	Ich schätze den Wert der Uhr auf 200 Euro.
schießen auf	Ihr müsst auf die gelbe Mitte schießen.
schimpfen auf	An solchen Tagen schimpft er immer auf seinen Chef.
sich spezialisieren auf	Ich habe mich in meinem Studium auf Medienphilosophie spezialisiert.

stoßen auf	Wir sind auf Gold gestoßen!
sich verlassen auf	Ich muss wissen, dass ich mich auf dich verlassen kann.
verweisen auf	Ich möchte auf unsere Hausordnung verweisen.
verzichten auf	Diesen Monat will Louise auf Schokolade verzichten.
sich vorbereiten auf	Sie muss sich auf ihre Sprachprüfung vorbereiten.
warten auf	Ich warte schon seit 2 Stunden auf die Bahn.
wirken auf	Wie habe ich bei unserem ersten Treffen auf dich gewirkt?
zielen auf	Er zielte auf flüchtenden Verbrecher.
etwas zurückführen auf	Die Verschmutzung des Wassers können wir auf allgemeine Umweltprobleme zurückführen.
aus	
etwas ableiten aus	Ein wichtiges Ergebnis wurde aus der Forschung abgeleitet.
bestehen aus	Meine Familie besteht aus 4 Personen.
entstehen aus	Erfolg entsteht aus Fehlschlägen.
sich ergeben aus	Aus allen Beweisen ergibt sich, dass er der Täter ist.
folgen aus	Welche Konsequenzen folgen aus der Umweltzerstörung?
werden aus	Was soll aus uns werden?
bei	
anrufen bei	Ich weiß nicht, bei wem ich anrufen soll.
arbeiten bei	Ich arbeite bei Simens.
sich bedanken bei für	Ich bedanke mich bei Ihnen für Ihre Bemühungen.
sich beschweren bei über	Das Tor ist schon wieder kaputt. Ich muss mich darüber bei dem Hausmeister beschweren.

sich entschuldigen bei für	Er entschuldigt sich bei dem Lehrer für die Verspätung.
sich erkundigen bei über	Darüber wollte ich mich bei Ihnen erkundigen.
durch	
etwas ersetzen durch	Sie hat den alten Motor durch ein neueres Modell ersetzt.
für	
danken Dat. für	Ich danke Ihnen für Ihre Aufmerksamkeit.
sich bedanken für	Patrick wollte sich für deine Hilfe bedanken.
sich eignen für	Yoga eignet sich für den Stressabbau.
eintreten für	Sie wollte für arme Studenten eintreten.
sich entscheiden für	Ich habe mich dafür entschieden, bei der Firma zu arbeiten.
sich entschuldigen für	Ich entschuldige mich für meine Abwesenheit.
gelten für	Das Recht gilt für alle Menschen.
etwas halten für	Ich halte es für sehr wichtig, dass jeder seine eigene Meinung hat.
sich interessieren für	Ich interessiere mich für Musik.
kämpfen für	Wir müssen für die Gleichberechtigung kämpfen.
sorgen für	Meine Oma sorgt immer für mich.
stimmen für	Wir stimmen für die Reform.
werben für	Der Teleshopping-Kanal wirbt für eine günstige Klimaanlage.
gegen	
sich entscheiden gegen	Er hat sich gegen das Angebot entschieden.
kämpfen gegen	Die Leute haben ihr ganzes Leben lang gegen den Rassismus gekämpft.

protestieren gegen	Die Demonstranten vor dem Bahnhof protestieren gegen die Umweltbelastung.
stimmen gegen	Wir stimmen gegen den Krieg.
verstoßen gegen	Die Schüler haben gegen die Schulregeln verstoßen.
verteidigen gegen	Die Soldaten verteidigen das Land gegen die Gefahr.
sich wehren gegen	Wir müssen uns gegen diese Ungerechtigkeit wehren.
sich wenden gegen	Manche Abgeordnete wenden sich gegen die Gesetzesvorlage.
in + 3격(Dat.)	
bestehen in	Das Problem besteht in seiner Unfähigkeit.
sich irren in	Entschuldigung, ich habe mich in der Zeit geirrt.
sich unterscheiden in	Die Biersorten unterscheiden sich in ihrem Herkunftsland.
in + 4격(Akk.)	
geraten in	Er ist in eine schwierige Lage geraten.
eindringen in	Das Land ist ins Nachbarland eingedrungen.
übersetzen in	Übersetzen Sie bitte diesen Text ins Deutsche.
sich verlieben in	Ich wollte mich nicht wieder in jemanden verlieben.
sich verwandeln in	Durch den Zauberspruch verwandelte sich das Papier in echtes Geld.
mit	
anfangen mit	Die Lehrerin hat als Kind mit Ballett angefangen.
aufhören mit	Du sollst mit dem Rauchen aufhören.
beeilen mit	Beeilen Sie sich mit dem Kauf.
sich befassen mit	Der Doktor hat sich lebenslang mit diesem Thema befasst.
beginnen mit	Jan isst wenig, weil er mit einer Diät begonnen hat.

sich beschäftigen mit	Meine Großeltern beschäftigen sich mit der Gartenarbeit.
sich einigen mit auf	Wir haben uns mit den Nachbarländern auf den Preis geeinigt.
handeln mit	Die Firma handelt mit Lebensmitteln.
kämpfen mit um	Das Kind kämpft mit seinem Freund um eine Puppe.
rechnen mit	Mit was für einem Ergebnis rechnen Sie bei dieser Wahl?
schimpfen mit auf	Er hat mit seinen Freunden auf die Regierung geschimpft.
streiten mit um	Ich habe mit meiner Schwester um Kleidung gestritten.
telefonieren mit	Er telefoniert mit seiner Freundin.
sich vertragen mit	Meine Tochter verträgt sich mit ihren neuen Klassenkameraden.
übereinstimmen mit	Der Film stimmt mit der Buchvorlage überein.
etwas verbinden mit	Können Sie mich mit dem Chef verbinden?
vergleichen mit	Sie kann sich mit dir nicht vergleichen.
etwas/jmd. versorgen mit	Mia hat uns mit Speisen und Getränken versorgt.
etwas verwechseln mit	Ich habe leider Frau Müller mit Frau Bauer verwechselt.
warten mit auf	Wo bist du? Wir warten mit dem Essen auf dich.
zögern mit	Zögern Sie nicht mit Ihrem Anruf!
zusammenhängen mit	Die Tests hängen mit einer effektiven Diagnose von Krebs zusammen.
nach	
sich erkundigen nach	Man sollte sich beim Arzt nach den Nebenwirkungen erkundigen.
fragen nach	Die Touristen fragen nach dem Weg.
sich richten nach	Die Schüler müssen sich nach den Schulregeln richten.

riechen nach	Das Parfüm riecht nach Lavendel.
schmecken nach	Das Eis schmeckt nach Erdbeeren.
sich sehnen nach	Die Kinder sehnen sich nach mir.
suchen nach	Der Hund sucht nach seinem Futter.
über+ 4격(Akk.)	
sich ärgern über	Er ärgert sich über seinen Vater.
sich aufregen über	Sie regt sich über die Mutmaßungen auf.
sich beklagen über	Medizinstudenten beklagen sich über ihre Ausbildung.
berichten über	Dr. Sabina Winter berichtet über Drogenkonsum.
sich beschweren über	Meine Nachbarn haben sich bei mir über den Lärm beschwert.
diskutieren über	Wir haben heute im Unterricht über die Lösungen für den Welthunger diskutiert.
sich freuen über	Ich habe mich über deinen Brief sehr gefreut.
herrschen über	Der König herrschte über ein großes Königreich.
sich informieren über	Wo kann ich mich über aktuelle Stellenangebote informieren?
klagen über	Viele Mitarbeiter klagen über schlechte Arbeitsbedingungen.
lachen über	Sie lachen über mich.
nachdenken über	Ich denke noch darüber nach, ob ich weiter studieren soll.
regieren über	Der Präsident regiert über die Vereinigten Staaten.
siegen über	Mut siegt über Angst.
sprechen über	Sie spricht über ihr Leben.
sich unterhalten über	Wir haben uns über die Serie unterhalten.
verfügen über	Viele Flüchtlinge verfügen über einen hohen Bildungsstand.

verhandeln über	Dresden und Airbnb verhandeln über Steuerabgaben.
sich wundern über	Ich wundere mich über die positiven Bewertungen.

um

sich ängstigen um	Die Mutter ängstigt sich um ihre Kinder.
sich bemühen um	Wir bemühen uns sehr darum, dass Sie sich bei uns wohlfühlen.
sich bewerben um	Hiermit bewerbe ich mich um einen Studienplatz.
bitten Akk. um	Wir bitten Sie um Verständnis.
kämpfen um	Wir kämpfen um den Sieg.
sich kümmern um	Die Mutter kümmert sich um die Kinder.
sich sorgen um	Mein Vater sorgt sich um mich.
streiten um	Sie streiten um Geld.
trauern um	Wir trauern um Helmut Kohl.
wetten um	Ich wette mit dir um ein Steak zum Abendessen.

unter + 3격(Dat.)

leiden unter	Viele Menschen leiden unter Schlafstörungen.
verstehen unter	Unter dem Begriff 'Informatik' versteht man die Wissenschaft der Informationsverarbeitung.

von

absehen von	Aus diesen Gründen habe ich von der Entscheidung abgesehen.
abhängen von	Dein Erfolg hängt von deinem Fleiß ab.
ausgehen von	Ich gehe davon aus, dass wir eine Einigung erzielen werden.
sich befreien von	Polen befreite sich vom Kommunismus.
berichten von	Eine Augenzeugin berichtet vom Terror in Nizza.
sich erholen von	Ich habe mich von der OP erholt.

sich ernähren von	Krebszellen ernähren sich von Zucker.
handeln von	Das Buch handelt von einem Mädchen.
sprechen von	Ich weiß nicht, wovon du sprichst.
träumen von	Er träumt von einem Haus am Meer.
erwarten von	Ich habe mehr von dir erwartet.
fordern von	Die USA fordern von Deutschland mehr militärische Unterstützung.
leben von	Ich lebe von Hartz IV.
profitieren von	Die Unternehmen profitieren von sozialen Netzwerken.
etwas trennen von	Du solltest dich von ihm trennen.
überzeugen von	Wir konnten die Kunden von der Qualität unserer Produkte überzeugen.
etwas unterscheiden von	Der schwarze Hautkrebs ist oft schwer von einem harmlosen Muttermal zu unterscheiden.
verlangen von	Der Arbeitsgeber verlangt von ihm die Vorlage von Aufenthaltspapieren.
sich verabschieden von	Ich habe mich von meinen Freunden verabschiedet.
vor + 3격(Dat.)	
erschrecken vor	Er erschrak vor dem Donnerschlag.
fliehen vor	Der Einbrecher flieht vor der Polizei.
sich fürchten vor	Die Maus fürchtet sich vor der Katze.
etwas schützen vor	So schützen Sie Ihr Kind vor einer Entführung.
verheimlichen vor	Er verheimlicht es vor mir.
warnen vor	Wir warnen Sie vor der Lawinengefahr.
zu	
auffordern zu	Die Polizei fordert Journalisten dazu auf, nicht über die Gewalt im Flüchtlingsheimen zu berichten.

befördern zu	Er wurde zum Direktor befördert.
beglückwünschen zu	Wir beglückwünschen Sie zur Geburt Ihres Kindes.
beitragen zu	Ich möchte gerne zur Einrichtung des Gemeindehauses beitragen.
bringen zu	Du bringst mich zum Lachen.
sich eignen zu	Ein Taschenmesser eignet sich zum Öffnen einer Dose.
einladen zu	Wir laden Sie herzlich zur Lesung ein!
sich entschließen zu	Ich habe mich spontan dazu entschlossen, ins Ausland zu reisen.
ernennen zu	Sie wurde zur Leiterin ernannt.
erziehen zu	So erziehen Sie Ihre Kinder zu eigenständigen Persönlichkeiten.
führen zu	Die Globalisierung führt zur globalen Wirtschaftskrise.
gehören zu	Lass sie in Ruhe, sie gehört zu mir!
gratulieren zu	Ich gratuliere dir zum Geburtstag.
passen zu	Diese Bluse passt nicht zu dem Rock.
überreden zu	Wie kann ich meine Eltern dazu überreden, einen Hund zu adoptieren?
werden zu	Das ganze Stadtzentrum wird zum Internet-Hotspot.
zählen zu	Man zählt diese Bank zu den größten Finanzinstituten in Deutschland.
zwischen	
unterscheiden zwischen	Wir müssen streng zwischen Wünschen und Wollen unterscheiden.

als

anerkannt als	Sie ist überall als beste Ärztin anerkannt.
bekannt als	Sebastian ist hier als Lügner bekannt.

an + 3격(Dat.)

arm/reich an	Du bist wirklich reich an Ideen.
beteiligt an	Warst du etwas an dieser Sache beteiligt?
interessiert an	Ich bin an alten Kulturen sehr interessiert.
schuld an	Du bist schuld an dieser Situation!
unschuldig an	Ich bin wirklich unschuldig an diesen Umständen.

an + 4격(Akk.)

adressiert an	Auf dem Päckchen steht: 'Adressiert an Paul Löber.'
angepasst an	Er ist schon ganz angepasst an ihre Sitten.
gewöhnt an	Ich bin schon an die Zeitumstellung gewöhnt.

auf + 4격(Akk.)

ärgerlich auf	Natürlich bin ich ärgerlich auf dich!
angewiesen auf	Leider war ich auf seine Hilfe angewiesen.
böse auf	Bist du noch immer böse auf mich?
eifersüchtig auf	Ich glaube nicht, dass so jemand eifersüchtig auf dich ist.
gespannt auf	Lena war ganz gespannt auf den neuen Kinofilm.
konzentriert auf	Schau nur, er ist ganz konzentriert auf seine Sendung.
neidisch auf	Bist du etwa neidisch auf mich gewesen?
neugierig auf	Ich bin schon ganz neugierig auf ihren neuen Freund.
spezialisiert auf	Die Fabrik ist spezialisiert auf Autoherstellung.

stolz auf	Meine Eltern sind sehr stolz auf mich.
verwundert über	Mein Professor war verwundert über meine Antwort.
vorbereitet auf	Ich fühle mich gut vorbereitet auf die Prüfung.
wütend auf	Ich war damals so wütend auf meinen Bruder.
bei	
angesehen bei	Sie ist bei den Schriftstellern gut angesehen.
behilflich bei	Bastian war mir bei der Aufgabe behilflich.
bekannt bei	Dieser Sänger ist bei Jugendlichen sehr bekannt.
beliebt bei	Disney-Filme sind bei Jung und Alt beliebt.
für	
angenehm für	Diese Musik ist sehr angenehm für mich.
bekannt für	Der Koch ist bekannt für seine Wutausbrüche.
bezeichnend für	Dieser Vorfall ist bezeichnend für unsere gesellschaftlichen Probleme.
charakteristisch für	Das Schnurren ist charakteristisch für Hauskatzen.
dankbar für	Ich bin Ihnen sehr dankbar für Ihre Hilfe.
engagiert für	Er ist sehr engagiert für den Umweltschutz.
entscheidend für	Dieses Ergebnis ist entscheidend für unsere Forschung.
geeignet für	So ein Kandidat wäre perfekt für uns geeignet.
interessant für	Diese Studie ist nicht interessant für uns.
nützlich für	Solche Werkzeuge sind nützlich für kleine Reparaturen.
offen für	Wir sind offen für Vorschläge.
schädlich für	Rauchen ist schädlich für dich und dein Umfeld.
schmerzlich für	Die Trennung muss sehr schmerzlich für ihn gewesen sein.

verantwortlich für	Du bist ab jetzt verantwortlich für diese Gruppe.
wichtig für	Du weißt doch, dass Kommunikation sehr wichtig für mich ist.

gegen

empfindlich gegen	Ich bin empfindlich gegen Kälte.
immun gegen	Er ist immun gegen Masern.

in + 3격(Dat.)

gut in	Sie ist gut in Mathe.
erfahren in	Ich bin sehr erfahren in der Kinderbetreuung.
nachlässig in	Er ist nachlässig in der Bearbeitung seiner Hausaufgaben.
tüchtig in	Er ist tüchtig in seinem Fach.

in + 4격(Akk.)

unterteilt in	Die Kurse sind in drei Stufen unterteilt.
verliebt in	Ich bin verliebt in dich.

mit

befreundet mit	Er ist befreundet mit Julia.
bekannt mit	Ja, ich bin mit dem Konzept bekannt.
beschäftigt mit	Sie ist zur Zeit sehr beschäftigt mit der Arbeit.
einverstanden mit	Ich bin mit der Note nicht einverstanden.
fertig mit	Ich bin fertig mit dem Studium.
verabredet mit	Am Freitag bin ich verabredet mit Alex.
vergleichbar mit	Nichts ist vergleichbar mit der Liebe zwischen Eltern und Kindern.
verheiratet mit	Er ist seit 3 Jahren mit Steffi verheiratet.
verwandt mit	Meine Freundin ist verwandt mit Heidi Klum.

zufrieden mit	Unsere Kunden sind zufrieden mit unserem Service.
nach	
verrückt nach	Ich bin verrückt nach dir.
unterscheidbar nach	Wir sind unterscheidbar nach Geschlecht.
über 4격(Akk.)	
ärgerlich über	Die Frau ist ärgerlich über ihre Mitbewohnerin.
aufgeregt über	Ich bin schon ganz aufgeregt über meine Reise nach Deutschland.
beunruhigt über	Die Abgeordneten sind beunruhigt über die Zunahme von Fremdenfeindlichkeit.
entsetzt über	Er ist entsetzt über den Brexit.
erfreut über	Der Sohn war so erfreut über sein Geburtstagsgeschenk.
erstaunt über	Die Schauspielerin war erstaunt über ihren Preis als beste Hauptdarstellerin.
froh über	Ich bin sehr froh über deine Entscheidung.
glücklich über	Sie ist glücklich über den großen Erfolg.
informiert über	Man sollte gut über die verschiedenen Tarifoptionen informiert sein.
traurig über	Die Leute waren traurig über den Tod der Soldaten.
verärgert über	Die Anwohner sind verärgert über das Bauprojekt.
verwundert über	Er ist verwundert über seinen eigenen Erfolg.
wütend über	Er war sehr wütend über diese Unverschämtheit.
um	
besorgt um	Die Eltern sind sehr besorgt um ihre Kinder.
von	
abhängig von	Sie ist noch finanziell abhängig von ihren Eltern.
entfernt von	Das Hotel liegt weit entfernt vom Zentrum.

enttäuscht von	Ich bin sehr enttäuscht von dir.
erholt von	Herr Berner hat sich schnell wieder vom Berlin-Marathon erholt.
frei von	Unsere Produkte sind frei von künstlichen Zusatzstoffen.
getrennt von	Ich lebe seit 8 Jahren getrennt von meiner Ex-Frau.
müde von	Sie sind müde von der langen Reise.
überzeugt von	Sie war fest davon überzeugt, dass dieser Job nicht zu ihr passte.
vor+ 3격(Dat.)	
blass vor	Ihr Gesicht war blass vor Angst.
rot vor	Er ist rot vor Wut.
zu	
berechtigt zu	Alle, die die Bedingungen erfüllen, sind zur Teilnahme berechtigt.
bereit zu	Der Ministerpräsident ist bereit zum Rückzug.
entschlossen zu	Die EU-Spitze äußert sich entschlossen zur Entscheidung der Briten für den Brexit.
fähig zu	Ich bin nicht fähig zum Multitasking.
freundlich zu	Die Lehrerin ist immer freundlich zu ihren Schülern.
gut zu	Jetzt wo ich krank bin sind meine Eltern besonders gut zu mir.
nett zu	Selbst wenn wir nicht einer Meinung sind, ist mein Freund immer nett zu mir.

ablegen

einen Eid ablegen	Urlauber nach Afghanistan müssen vor Betreten einen Eid ablegen, dass sie strenge Regeln befolgen.
eine Prüfung ablegen	Ab dem Jahr 2015 sollen Lehrer, die Schuldirektor werden wollen, eine Prüfung ablegen.

abschließen

einen Vertrag (ab) schließen	In China könnte der afrikanische Fußballspieler auch mit seinen 35 Jahren einen Mega-Vertrag abschließen.

aufnehmen

die Produktion aufnehmen	Tesla soll die Produktion seines Elektro-Trucks nicht in diesem Jahr aufnehmen.

begehen

einen (Selbst)Mord begehen	Etwa **1,000** Menschen begehen jeden Monat in Deutschland Selbstmord.

bekommen

Ärger bekommen	Bei meiner letzten Firma habe ich zu oft Ärger von meinem Chef bekommen.

brechen

sich Bahn brechen	In Deutschland bricht sich wieder der Fremdenhass Bahn.

bringen

zum Ausdruck bringen	Die Demonstranten in Korea wollten ihre Enttäuschung von dem Gerichtsurteil zum Ausdruck bringen.

ergreifen

Maßnahmen ergreifen	Die koreanischen Mobilfunkanbieter müssen Maßnahmen ergreifen, um ihre Netzwerke für den Einsatz von 5G vorzubereiten.

erheben

Anklage erheben gegen	Wegen Betrugs hat die Staatsanwaltschaft Anklage gegen einen ehemaligen Bankangestellten erhoben.

erregen

Aufmerksamkeit erregen	Das wichtigste Ziel von Werbung ist es, Aufmerksamkeit zu erregen.

erstatten	
Anzeige erstatten	Gegen drei 19-jährige wurden Anzeigen wegen gefährlicher Körperverletzung erstattet.

fassen	
einen Beschluss/ Entschluss fassen	Die koreanische Regierung sollte einen Beschluss fassen, um die gesamte Energieversorgung in Korea auf erneuerbare Energien umzustellen.
Fuß fassen	Der koreanische Autohersteller Hyundai plant, mit einem Elektro-SUV auf dem asiatischen Markt Fuß zu fassen.

finden	
Anerkennung finden	Nur wenige Sportprofis behaupten, dass der E-Sport als Sportart Anerkennung finden sollte.

führen	
ein Gespräch führen	Der koreanische Präsident wird diesen Monat mit dem russischen Präsidenten ein Gespräch führen.
ein Leben führen	Allein mit der gesetzlichen Rente können in Korea nur die wenigsten Menschen im Alter ein finanziell sorgenfreies Leben führen.

geben	
sich Mühe geben	Kinder geben sich mehr Mühe beim Lesen, wenn jemand zuhört, den sie mögen.

gehen	
auf die Reise gehen	Manche Jugendliche gehen gerne mit Freunden auf Reisen.
in Rente gehen	Es wird im Bundestag immer wieder diskutiert, ab welchem Alter die Deutschen in Rente gehen sollen.

geraten	
außer Kontrolle geraten	Der 80-jährige ist verletzt worden, als ein Brand außer Kontrolle geriet.
in Schwierigkeiten geraten	Korea ist durch die neue Außenpolitik der USA in wirtschaftliche Schwierigkeiten geraten.

haben	
Auswirkungen haben auf 4격	Jede Änderung im Arbeitsrecht könnte große Auswirkungen auf den Arbeitsalltag vieler EU-Bürger haben.
Einfluss haben auf 4격	Eine aktuelle Studie zeigt, dass soziale Medien kaum Einfluss auf die Lebenszufriedenheit haben.

etw. zur Folge haben	Ernährung ohne tierische Produkte könnte etliche Erkrankungen zur Folge haben.
ein Recht haben auf 4격	Kinder in Deutschland haben ein Recht auf gewaltfreie Erziehung.

halten

Abstand halten	Beim Überholen sollen Autofahrer ausreichend Abstand zu Radfahrern halten.
einen Vortrag / ein Referat / eine Rede halten	Bundeskanzlerin Angela Merkel wird bald eine Rede zur Klimapolitik halten.

kommen

in Frage kommen	Als Ursache für den Waldbrand könnte eine achtlos weggeworfene Zigarette in Frage kommen.

legen

Wert legen auf 4격	Immer mehr Koreaner legen Wert auf eine gesunde Balance zwischen Arbeit und Familie.

lassen

im Stich lassen	Die koreanische Regierung muss die Obdachlosen und die Armen nicht im Stich lassen.

leisten

einen Beitrag leisten	Für den Umweltschutz kann jeder einen kleinen Beitrag leisten.

liegen

auf der Hand liegen	Die Vorteile von Online-Shopping gegenüber dem Einkaufen vor Ort liegen auf der Hand.

machen

sich Gedanken machen (über 4격)	Immer mehr Menschen in Deutschland machen sich Gedanken über das, was täglich auf den Tisch kommt.
sich Sorgen machen	Naturschützer machen sich Sorgen um viele vom Aussterben bedrohte Tierarten.

nehmen

Abschied nehmen	Der deutsche Fußballstar Philipp Lahm sagte, dass es ihm sehr schwer fiel, Abschied zu nehmen.
in Anspruch nehmen	Wer Sterbehilfe im Altersheim in Anspruch nehmen will, muss mehrere rechtliche Bedingungen erfüllen.
Anteil nehmen an 3격	Letzte Woche nahmen viele Deutsche Anteil am Tod des kleinen Kindes in Dresden.
jn./etw. unter die Lupe nehmen	Vor der Abreise sollten Camper mit Wohnwagen neben ihrer Ausrüstung erst einmal ihren Versicherungsschutz unter die Lupe nehmen.
Rücksicht nehmen (auf 4격**)**	Bei der Planung von Prozessen sollten Gerichte Rücksicht auch auf die Gesundheit des Angeklagten nehmen.
Stellung nehmen (zu 3격**)**	Die Europawahl-Kandidaten nehmen Stellung zur Klimapolitik.

schließen

Frieden schließen (mit 3격**)**	In einem historischen Treffen zwischen dem südkoreanischen Präsidenten und dem nordkoreanischen Machthaber haben beide beschlossen, Frieden zu schließen.

sein

von Bedeutung sein (für 4격**)**	In Korea ist manchmal die Abiturnote für eine zukünftige Karriere von Bedeutung.
im Stande sein	Der Coach der Fußballmannschaft hoffte, dass seine Mannschaft im Stande sein wird, sich im Training voranzubringen.

setzen

aufs Spiel setzen	In den 80er Jahren haben nicht wenige Intelligente in Korea ihr Leben aufs Spiel gesetzt, um in Freiheit zu leben.

spielen

eine Rolle spielen	Die Eltern spielen im Fall einer familiären mehrsprachigen Erziehung eine große Rolle.

stehen

zur Verfügung stehen	In Deutschland stehen Festsäle in Schlössern für standesamtliche Trauungen zur Verfügung.
in Zusammenhang stehen (mit 3격**)**	Laut Weltgesundheitsorganisation (WHO) stehen Hunger und Krieg in engem Zusammenhang.

stellen	
eine Frage stellen	Für viele Absolventen in Deutschland stellt sich immer noch die Frage, was sie nach der Schule machen sollen.
auf die Probe stellen	Schwere Krankheiten können auch die Liebe auf die Probe stellen.
zur Verfügung stellen	Die Bundesregierung plant, im kommenden Jahr mehr freie Arbeitsstellen zur Verfügung zu stellen.
tragen	
die Verantwortung tragen	Laut Verfassung der Weltgesundheitsorganisation (WHO) sollen die Regierungen die Verantwortung für die Gesundheit ihrer Völker tragen.
treffen	
eine Entscheidung treffen	Ich bin mir nicht zu 100 Prozent sicher, dass ich die richtige Entscheidung getroffen habe.
treiben	
Sport treiben	Etwa zwei Drittel der Deutschen treiben in ihrem Urlaub Sport.
treten	
in Kraft treten	Der amerikanische Präsident lässt neue China-Zollerhöhung in Kraft treten.
in Streik treten	Asiana Airlines wird in einen unbefristeten Streik treten.
üben	
Kritik üben (an 3격)	Berlin und London üben Kritik an den US-Sanktionen gegen den Iran.
übernehmen	
die Verantwortung übernehmen	Es ist ein schönes Gefühl, Verantwortung für seine Entscheidungen zu übernehmen und zu spüren, wie sein Plan ausgeht.
unternehmen	
Reise unternehmen	In den letzten Jahren hat meine Familie einige ungewöhnliche Reisen nach Afrika unternommen.
versetzen	
in Angst versetzen	Erdbeben der Stärke 6,1 hat die Bewohnerinnen und Bewohner in Japan in große Angst versetzt.

vertreten	
einen Standpunkt / eine Ansicht / eine Meinung vertreten	Kinder müssen in der Schule lernen, sich mit politischen Inhalten auseinanderzusetzen, eine Meinung zu bilden und diese zu vertreten.
verlieren	
den Faden verlieren	Der Coach sagte im Interview, dass seine Mannschaft nach einem Gegentor den Faden verlor und noch drei weitere Tore kassierte.
verüben	
einen Mord / ein Verbrechen verüben	Nach Angaben des Bundeskriminalamtes (BKA) ist die Zahl der von Ausländern in Deutschland verübten Morde an Deutschen gestiegen.
wecken	
Interesse / Neugier wecken	Immer mehr Länder in Europa wecken das Interesse chinesischer Studenten, die ins Ausland wollen.
wissen	
Bescheid wissen (über 4격)	Smartphones haben zahlreiche Funktionen, über die die wenigstens Besitzer wirklich Bescheid wissen.